SURTOUT,
NE CHANGEZ RIEN

Éditions d'Organisation
1, rue Thénard
75240 Paris cedex 05

Consultez notre site :
www.editions-organisation.com

Si vous souhaitez compléter vos connaissances
sur les résistances aux changements, vous pouvez consulter notre blog :
www.surtoutchangezrien.com

Patrick Krasensky – Pierre Zimmer

SURTOUT,
NE CHANGEZ RIEN

Préface HERVÉ SÉRIEYX

**Éditions
d'Organisation**

Livres des mêmes auteurs :

Pierre ZIMMER, Jean-Pierre LOURSON,
  Le guide du placard, Le Seuil, 1987

Pierre ZIMMER, Jean-Pierre LOURSON,
  Survivre dans ce monde hypocrite, Presses de la Cité, 1993

Pierre ZIMMER,
  La vie est une langue étrangère, Publibook.com, 2001

À mon âne,
À ma grenouille,
À mon bourdon,
À mon homard,
Et à tous les êtres humains, animaux singuliers…

« *Il vaut mieux changer le pansement
que penser le changement.* »

Légèrement détourné de l'original :
« *Il vaut mieux penser le changement que changer le pansement.* »
Francis Blanche

« *Si nous voulons que tout continue,
il faut que d'abord tout change.* »
Giuseppe Tomasi di Lampedusa, Le Guépard

SOMMAIRE

Préface 13

À QUI S'ADRESSE CE LIVRE ? 17

INTRODUCTION

Dorénavant, tout sera comme d'habitude 19
  L'éloge de l'immobilisme 19
  C'est très bien comme ça, pourquoi voulez-vous que ça change ? 20
  Le changement est un (très) gros porteur 21
  La part du rêve 22

LE CHANGEMENT EST-IL SI UTILE ?
UN ÉTAT DES LIEUX IMMOBILES

Les ressorts rouillés du changement 27
Le syndrome de Buridan 31
Les grenouilles de Jean Rostand 34
Le paradoxe du bourdon 37
L'intranquillité du homard 39
Faut-il un pilote dans l'avion ? 42
La longue-vue du capitaine 45
Une population fondamentalement changée
mais qui ne veut fondamentalement pas changer 49
Les consomacteurs aiment le changement... pour les autres 52
Théorie du pessimisme ambiant 56
Le contrat de défiance 59
En quête de motivation 63

Pour l'exemple 66

Conseils aux dirigeants pour éviter tout changement 69

Témoignage d'un désabusé 71

Le jeu des huit erreurs 73

Rome n'est plus dans Rome ou fusion-acquisition-confusion 80

La réforme de l'État est dans l'escalier
mais pas l'ascenseur social 86

Dieu, que la réforme est jolie ! 91

La mascarade du rapport administratif 95

La pantalonnade des rapports d'audit d'entreprise 98

On allait presque oublier le mammouth 101

TEST-JEU

Aimez-vous vraiment le changement ? 105

LES RÉTROFREINS AU CHANGEMENT

CHECK-LIST DES POINTS DE BLOCAGE AU DÉCOLLAGE

Avez-vous les réponses, parce que nous,
nous avons les questions 111

Les collabos... de la résistance au changement 113

Le profil de ceux qui s'attaquent de front 119

Le dirigeant décide... de ne rien décider 123

Le temps de l'écoute n'est jamais fini 126

Quand les muets veulent faire entendre raison aux sourds 129

On ne change pas une équipe qui gagne 132

On a toujours fait ainsi... 134

Ça ne va pas être possible... 137

Le bon moment n'existe pas 140

Le jeu du bouc émissaire 145

Ça ne marchera jamais 148

Valeurs et repères sont aux objets perdus 151

C'est pas ma faute... 154

Juridisme et judiciarisation sont dans le même bateau 157

Sommaire

Les syndicats ont-ils le pouvoir d'être un contre-pouvoir ? 161

Petit rappel pédagogique à l'usage des mal-comprenants 166

JEU DE LOIS 169

ACCÉLÉRATEURS ET REPRISES
POUR OPTIMISER LE PLAN DE VOL

LES VOIES DU CHANGEMENT SERAIENT-ELLES AU BOUT DE LA PISTE ?

Embarquement imminent 175

La formidable inertie de l'avion-entreprise 178

À la recherche du point C 181

Les méthodes pour rien changer 184

Je ne veux voir qu'une tête ! 187

Ce n'est pas beau de copier 190

Les agités du bocal 192

Le carburant du changement 194

Les quatre épices à l'usage du dirigeant schizophrène 196

Court terme, long terme, ce n'est qu'un début,
continuons le débat 198

Global et local, adversaires et partenaires du mondial 201

Coût et bénéfice, les faux jumeaux 204

Collectif d'individus 207

Le liant ou l'adjuvant chef 211

Les colles des chartes 213

L'édit commandement 215

Posologie de l'élixir de la mobilisation 218

Plus on va moins vite, moins on va plus lentement 222

Déclaration de ruptures 226

Crise et arrangements 232

Changement et changements 235

Les arêtes de poisson d'Ishikawa 238

Prendre de l'altitude 244

CONCLUSION

L'utopie, la réalité de demain ? 249

    Nous avons horreur du changement 249

    Défense et illustration de l'immobilisme ambiant 251

    Touche pas 252

    Ne pas risquer, c'est risqué 253

    Vous avez pris vos précautions ?... 256

RÉSULTATS DU TEST-JEU 261

Bibliographie 263

Préface

Dans un livre déjà ancien[1], j'avais évoqué, avec l'aimable autorisation de son inventeur, le Théorème de Poulidor qui s'énonce ainsi : « *Plus tu pédales moins vite, moins t'avances davantage* » ; un théorème qui me semblait fonder la théorie très française de l'immobilité immobilisante : « *Moins tu bouges, moins tu peux bouger* ». Constatant, dix ans plus tard et trente ans après la publication de « la Société bloquée » de Michel Crozier, que les mêmes causes continuent, chez nous, à produire les mêmes effets, je me réjouis de voir Patrick Krasensky et Pierre Zimmer nous proposer un jubilatoire *Surtout, ne changez rien*.

Un titre qui relève évidemment de la plus pure *provoc'* au second degré : les deux auteurs savent, bien sûr, que la France n'a plus le choix et que les mutations brutales du monde l'acculent aujourd'hui dans un coin du ring où sa seule chance d'éviter le KO définitif (fuite des cerveaux, disparition des entreprises, chômage généralisé, effondrement de ses systèmes de solidarités et de ses services publics par disparition des ressources qui les financent...), c'est une remise en cause rapide et fondamentale de ses habitudes d'autant plus rude qu'elle aura été trop longtemps différée.

---

1. *L'effet Gulliver*, éd. Calmann-Lévy, 1995.

Mais ce livre pointe la dérision d'un discours omniprésent, récurrent et si visiblement inefficace sur « *la nécessité du changement* » tenu à tout bout de champ par des élites trop souvent élevées « *hors sol* » qui ne semblent savoir dire que « *Armons-nous et partez !* » ; inefficacité d'autant plus évidente que ce discours s'adresse à un vieux peuple de Gaulois dont Jules César disait déjà qu'il était ingérable et dont Pierre Daninos écrivait, alors que nous n'étions pas encore aussi nombreux qu'à présent, qu'il « *était divisé en quarante millions de Français* ».

Le bide grandiose du 29 mai 2005 qui aura vu la conjonction de tous les conservatismes refuser le petit pas en avant vers l'Europe politique et, en jouant à « *qui gagne perd* », nous précipiter plus sûrement que jamais vers un ultra-libéralisme de type anglo-saxon (il y avait bien un plan B, le plan Blair) illustre combien ce syndrome d'Astérix, cette centration forcenée sur notre nombril peut produire d'effets collatéraux dramatiquement inattendus.

Puisque les objurgations incantatoires sur le changement, impératif de survie, glissent visiblement sur nos concitoyens comme l'eau sur les plumes d'un canard, que nous aimons surtout traverser en dehors des passages cloutés, passer au feu orange, pratiquer le travail au noir et braver les petits interdits de la vie quotidienne s'il n'y a pas trop de risques de se faire prendre, il était sans doute de bonne pédagogie de proposer un « *anti-manuel de la conduite du changement* ». Ce réel instinct de contradiction qui nous pousse si souvent à faire systématiquement l'inverse de ce que l'on nous recommande peut cette fois nous inciter au mouvement puisqu'on nous donne, dans ce livre, toutes les bonnes raisons de rester immobiles !

La dérision à jet continu n'est pas toujours constructive, mais Patrick Krasensky et Pierre Zimmer ne la pratiquent dans ce livre que pour nous aider à mieux comprendre les ressorts profonds de nos refus et les chemins que nous pouvons prendre pour les dépasser.

Dans un moment où le destin de notre pays hésite, où nous ressentons tous comme une grande fatigue face à des évolutions peu lisibles, à des environnements inquiétants et aux efforts futurs dont nous savons que nous devrons les faire sans connaître encore l'avenir qui les justifierait, *Surtout, ne changez rien* a choisi l'humour et la lucidité pour nous convier à un examen de conscience personnel : sommes-nous partants pour le monde de demain et voulons-nous être acteurs de sa construction ?

Hervé Sérieyx

À QUI S'ADRESSE
CE LIVRE ?

Qui peut bien être concerné par le changement ?

Quelques exemples, au hasard :
L'État et son chef ;
Tous les ministres et le personnel des ministères ;
Et particulièrement, celui en charge des réformes administratives ;
Les administrés ;
Les dirigeants politiques ;
L'Armée, et surtout les adjudants-chefs ;
La Police, et surtout les CRS ;
La Gendarmerie, mais surtout pas le Maréchal des Logis Chef qu'il ne faut surtout pas changer ;
L'Éducation nationale (par tradition) ;
L'Assistance publique (par nécessité) ;
Les ministres des cultes (par foi) ;
Les juges, les justiciers et les justiciables ;
Les collectivités locales ;
Les chauffeurs des transports publics ;
Ceux des transports privés aussi ;
Les dirigeants d'entreprise ;
Les syndicalistes ;

Les salariés ;
Les employés ;
Les cadres ;
Les agents de maîtrise ;
Les ouvriers spécialisés (ils le sont tous désormais) ;
Les jeunes ;
Les seniors ;
L'entrepreneur ;
Le manager ;
Les coiffeurs (pourquoi les coiffeurs ?) ;
Les petits commerçants ;
Les gros distributeurs ;
La ménagère de moins de 50 ans ;
Mon voisin ;
Ma mère ;
Ma femme ;
Mes gosses ;
Vous ;
Moi ;
Enfin, tout le monde…

La lecture de ce livre est non seulement d'utilité publique, elle est OBLIGATOIRE !

Dorénavant,
tout sera comme d'habitude

> *Agir par non agir*
> *Œuvrer par non faire*
> *Savourer l'insipide*
> *Magnifier l'infime...*
>
> Lao Tseu, *Tao Te King.*

L'éloge de l'immobilisme

On parle tellement du changement, de la conduite du changement, de la réforme (nécessaire), de l'évolution (indispensable), de l'exigence (impérieuse) d'innover, on publie tellement de livres sur ce thème (fondamental, essentiel, capital) qu'on se dit qu'il ne doit pas être évident de changer, d'évoluer, d'innover.

On ressentirait même la douloureuse impression que le changement est englué dans sa propre dynamique, voire sa sociodynamique, pour utiliser des termes de professionnels éminents qui se sont penchés sur la question. Alors que tout le monde parle de mouvement, de mise en mouvement, de mobilité et de fluidité (*c'est le progrès, la marche inéluctable du temps, l'avancée irrésistible du futur*), la société en général et l'entreprise en particulier n'ont jamais paru aussi statiques.

C'est très bien comme ça, pourquoi voulez-vous que ça change ?

En fait, si le bouleversement des structures est si compliqué, la raison en est toute simple : les acteurs de l'entreprise, dirigeants et employés, voudraient bien changer mais « *que voulez-vous, les choses sont ainsi...* ». Le veulent-ils vraiment, le veulent-ils seulement, ce changement ? On peut se poser légitimement la question. Alors, fatalisme, découragement, « aquoibonisme », résignation, soumission librement consentie... Tout le monde a toujours de bonnes raisons, même les meilleures raisons, pour ne pas bouger et adopter la stratégie du hérisson. Ne pas bouger, après tout, c'est plutôt rassurant. On reste au chaud, dans son cocon douillet, confortable, habituel. Changer ses marques et ses repères, son environnement et ses habitudes, c'est l'aventure. Est-ce que c'est bien le moment, vraiment ?

D'ailleurs, *dans « notre monde complexe rempli d'incertitudes, d'embûches et d'obstacles en tout genre »*, comme ne manque jamais de le rappeler sentencieusement n'importe quel consultant lambda en management, il est très simple de dresser une typologie des causes principales de résistances au changement. Elles sont essentiellement de trois sortes : individuelles, structurelles ou conjoncturelles, et enfin collectives. Nous examinerons bien sûr ces différentes causes qui facilitent l'inertie, l'atonie, la stagnation et le

« *Dorénavant, tout sera comme d'habitude* ». C'est même le but de notre propos. Comme il est écrit dans le livre de l'Ecclésiaste : « *Ce qui fut, cela sera ; ce qui s'est fait, se refera ; et il n'y a rien de nouveau sous le soleil.* »

Dans les administrations et les organisations, c'est pareil : l'État est un dinosaure impotent et les administrés, dans leur grande majorité, sont frileux, hostiles ou allergiques au changement. Notre objectif n'est pas, vous l'avez compris, de crier haro sur le fonctionnaire mais plutôt de comprendre comment un système a pu arriver à un tel point de blocage.

Le changement est un (très) gros porteur

Pas question de revenir sur les avantages acquis ! *Ah, non, ça alors, il ne manquerait plus que cela*, disent en chœur les syndicats, *nous avons suffisamment bataillé pour l'obtention de ces droits qui ne sont ni des privilèges, ni des prérogatives. Ce sont des DROITS, acquis de haute lutte.* Pourquoi les réformistes sont ceux qui sont le plus opposés aux réformes ? Serait-ce tenir un discours réactionnaire que de se poser juste la question ?

Pour voir comment le changement s'opère, et au lieu de changement nous préférons ici l'expression de « mise en mouvement » individuelle ou collective, nous allons vous convier à un voyage en avion. Embarquement immédiat. Attachez votre ceinture ! Vous êtes prêts à vous envoler vers d'autres cieux, mentalement, vous y êtes déjà, physiquement, vous êtes bien carré dans votre siège et vous avez pris deux Nautamine pour enrayer le mal de l'air… et pourtant l'avion ne se décide pas à partir.

Dans un premier temps, nous verrons donc pourquoi, malgré l'allumage de tous les feux verts, malgré l'autorisation de la tour de contrôle et le pointage de la check-list, l'avion reste désespérément cloué au sol. Il nous faudra vérifier l'état de la carlingue et nous nous demanderons si le changement est aussi utile qu'on le prétend. Peut-être, après tout, peut-on s'en passer…Nous sommes là, dans l'état des lieux, dans l'analyse de l'existant et ce n'est pas joli joli…

Ensuite, toujours dans un regard aigu, mais indulgent, de notre monde contemporain et de ses petits travers, nous examinerons les freins et le train d'atterrissage et nous essayerons de comprendre les causes des résistances au changement, ce que nous avons appelé les rétro freins.

La part du rêve

Enfin, parce que l'engin va bien finir par prendre son envol, il s'agit de considérer avec la plus grande attention les possibilités d'accélération jusqu'à l'obtention de la vitesse de croisière stabilisée.

Aussi, parce que nous savons que, de toute façon, les choses bougent, changent, se modifient, se métamorphosent par la force justement de ces mêmes choses, et qu'il vaut mieux être dans le train plutôt que de le regarder passer (ça nous repose un peu de la métaphore de l'avion). Nous nous attacherons à montrer qu'il existe tout de même des manières (pas beaucoup) de changer, de bouger (de façon pertinente) en scrutant de plus près quelques accélérateurs et ressources (elles ne sont pas forcément qu'humaines, les ressources) pour optimiser le plan de vol.

Mais, nous en avons la conscience éplorée, nous sommes là dans le domaine du rêve éveillé, de la chimère et de l'illusion. N'est-ce pas Victor Hugo qui a dit que l'utopie était la réalité de demain ? Soyons utopiques, demandons l'impossible ! La vision, c'est la faculté de se projeter dans le futur.

Il nous faut inventer le futur et tout ce qui va avec... Comme dirait notre maître Edgar Morin : « *Attends-toi à l'inattendu !* »[1]

Ne rien changer, c'est tout de même plus facile. Pour installer le changement dans les têtes, pour faire bouger les esprits et faire évoluer les mentalités, il s'agit de retrousser ses manches. On préfère vous le dire tout de suite afin d'éviter déceptions et désillusions : C'est pas gagné !

---

1. Propos tenu à la conférence sur l'éthique et la médecine donnée le 10 janvier 2005 à la faculté de Médecine de Paris.

LE CHANGEMENT EST-IL SI UTILE ?

UN ÉTAT DES LIEUX IMMOBILES

> *Le plus heureux des hommes*
> *est celui qui désire le moins*
> *de changement de son état.*
>
> Marquise du Châtelet

Les ressorts rouillés
du changement

La tradition et le progrès sont deux
grands ennemis du genre humain.

Paul Valéry

Avant de faire l'état des lieux, d'examiner l'existant et de voir si le changement suscité, organisé par l'homme (sa femme ou la DRH) est vraiment utile, essayons-nous à quelques définitions qui pourront nous aider à comprendre ce qui suit. Nous savons d'ores et déjà que le changement dû à la Nature, imposé par la Nature, est permanent, continu, perpétuel, durable et pratiquement impossible à maîtriser par l'être humain.

Tout d'abord, qu'est-ce que le changement dans une entreprise ou une organisation ? Le changement désigne la démarche qui accompagne la vie de toute entreprise face à l'instabilité et au développement de son environnement.

Le changement ne se décrète pas, il se conduit. Conduire le changement, c'est à la fois anticiper, définir et mettre en place cette démarche. Rappelons que pour conduire le changement, il n'est pas nécessaire de posséder un permis de conduire mais sa détention est néanmoins fortement recommandée. La conduite du changement désigne l'ensemble de la démarche qui va de la perception d'un problème d'organisation à la définition d'un cadre d'actions qui permet l'élaboration, le choix et la mise en place d'une solution dans des conditions optimales de réussite.

Pourquoi une entreprise ou une organisation éprouve-t-elle le besoin de changer ? Alors là, c'est simple : **c'est parce que tout va mal**. Ou dans un langage un peu plus managérial ou économiquement correct, l'initialisation du changement naît de la perception d'une inadéquation entre le fonctionnement d'une organisation et ses finalités. Enfin, c'est parce qu'elles ne peuvent plus faire autrement que les entreprises ou les organisations changent, sous la contrainte ou dans l'urgence. Vous pouvez tourner ça comme vous voulez. La césarienne et le forceps, parfois les deux, mais l'accouchement sans douleur, c'est très rare.

Cinq facteurs sont habituellement avancés pour justifier l'initialisation d'un processus de changement :

- **La technologie.** Lorsque l'entreprise adapte ses structures aux évolutions externes de la technologie ou qu'elle a décidé de s'adjoindre un système de gestion informatique bien compliqué auquel personne ne comprend rien et qui va bloquer les rouages pendant une bonne décennie.

- **La stratégie.** Lorsque l'entreprise adapte ses structures à un changement de stratégie dû à une évolution du marché (comportement de la clientèle, actions de la concurrence…), à une modification de l'actionnariat, à une évolution de la législation ou à la réglementation… à condition que le dirigeant de l'entreprise ou le responsable de l'organisation ait des velléités de vision stratégique.

◗ **La culture.** Lorsque les valeurs de l'entreprise évoluent en profondeur. Lorsque les valeurs de l'environnement l'y conduisent. Lorsque plus personne ne se retrouve dans les valeurs initiales qui ont fondé l'entreprise ou l'organisation. Enfin, lorsque les valeurs perdues sont aux objets trouvés.

◗ **Le pouvoir.** Lorsque le fonctionnement de l'entreprise nécessite d'être adapté aux forces et pouvoirs en place. Lorsque les grands chefs considèrent que les petits chefs ont pris beaucoup trop de pouvoir. Lorsque l'actionnaire estime que les performances ne sont pas à la hauteur des dividendes envisagés et qu'il décapite le pouvoir en place sans autre forme de procès mais après aval du Conseil d'administration. Lorsque l'entreprise souhaite mettre en place les typologies de relations qu'elle désire promouvoir comme la refonte d'un organigramme flou ou la métamorphose de fonctions et d'attributions permettant de retirer ou d'ajouter certains signes extérieurs de pouvoir.

◗ **L'organisation.** Lorsque les structures et les procédures sont inadaptées à la configuration générale. Lorsque l'environnement nécessite un certain type de configuration de l'organisation de l'entreprise pour être approché. Lorsque plus rien ne fonctionne ou que tout dysfonctionne, enfin que tout merde.
Là, le changement, ça urge. Encore faut-il pouvoir le mettre en place ! Tenir compte des freins et des obstacles à l'établissement du changement.
Mais, n'anticipons pas, c'est le sujet du livre que vous avez entre les mains.

Récapitulons ! La question principale reste posée : Qui donc peut avoir vraiment intérêt à changer ? Qui ? Et pourquoi l'avion n'a-t-il pas encore décollé ?

Le syndrome de Buridan

Je n'aime pas l'idée d'avoir à choisir entre le ciel et l'enfer :
j'ai des amis dans les deux.

Mark Twain

Non seulement l'homme est un loup pour l'homme, de plus, *asinus asinum fricat*[1] mais encore, nous sommes tous les frères de l'âne de Buridan. Nous vous rappelons succinctement cette anecdote édifiante : placé entre un seau d'eau et un picotin d'avoine, un âne se laisse mourir d'inanition, faute de pouvoir choisir entre les deux propositions. L'âne meurt effectivement de soif alors qu'il hésite entre ses deux désirs.

Jean Buridan, en latin Joannes Buridanus, (1300-1358), philosophe scolastique français, fut l'instigateur du scepticisme religieux en Europe. Son nom est plus fréquemment connu par son expérience de pensée : l'âne de Buridan. Le paradoxe connu de l'âne de Buridan fut d'abord trouvé par *De Caelo* d'Aristote qui se demanda comment un chien devant deux nourritures également attirantes choisit entre elles. Buridan aurait eu recours à cette fable dans ses leçons, afin de démontrer par l'absurde le caractère néces-

---

1. Pour tous ceux qui ne seraient pas des latinistes, distingués ou pas, nous rappelons que cette expression signifie que « l'âne frotte l'âne » et s'emploie lorsque deux personnes s'adressent mutuellement des éloges outrés. À réutiliser dans les dîners en ville.

saire du choix, même lorsque les biens entre lesquels il convient de choisir sont d'égale valeur. Buridan considère que la volonté peut retarder le choix pour déterminer plus complètement les résultats possibles de l'option.

En matière de changement, nous sommes des bourricots buridanesques. Nous ne mourons pas tous, mais beaucoup d'entre nous sont frappés. À peine devons-nous faire un choix entre une mutation brutale ou une transformation évolutive, nous voilà perdus en conjectures, en pesage du pour et du contre, en évaluations millimétriques du meilleur et du pire. Toutes ces réflexions paralysent évidemment. Quand la réflexion précède la réflexion, l'action n'est pas au rendez-vous. Ces tergiversations donnent un alibi pratique, sinon un prétexte pour ne pas bouger. L'indécision favorise l'inertie, la stagnation. En un mot, l'inaction. Nous connaissons tous des chefs d'entreprise *équidés* qui n'arrivent pas à se décider et qui attendent que le temps, les événements, la conjoncture, le hasard, les heureuses coïncidences décident pour eux. Le travers est terriblement humain.

Dans son ouvrage savoureux, *Quand les grands patrons se plantent*, Sydney Finkelstein[1] écrit cette phrase édifiante, presque une forme d'avertissement : « *Des entreprises aussi différentes que Rubbermaid, Schwinn, Encyclopedia Britannica et les Boston Red Sox ont eu de sérieux ennuis justement parce qu'elles n'ont pas su relever des défis majeurs quand elles en ont eu l'opportunité.* » Comment analyser, par exemple, que,

---

1. Les éditions d'Organisation, 2004.

dans les années 1980, Motorola s'entête dans le portable analogique alors que tout le monde commence à réclamer du numérique ? Quand les tergiversations sont terminées, il est trop tard. La technologie dépassée a relégué l'entreprise hésitante du rang de numéro un triomphant à celui de challenger frileux.

Le temps, les événements, la conjoncture, le hasard, les heureuses coïncidences sont mauvais conseillers. Faute d'une décision, quelle qu'elle soit, ce sont le temps, les événements, la conjoncture, le hasard, les heureuses coïncidences qui décideront effectivement pour vous. Selon vos désirs. Parfois même, et surtout, sans vous.

Les grenouilles de Jean Rostand

Quand l'idéal se déplace,
il faut bien qu'on s'oriente différemment.
Le tournesol reste fidèle au soleil.

Jean Rostand, *Carnet d'un biologiste*

Restons dans le bestiaire. Après l'âne, la grenouille. Mais pas n'importe laquelle. Celle qu'étudia toute sa vie durant Jean Rostand, biologiste, né à Paris (1894-1977). Enfin, ce ne fut pas la même tout le temps. Il a bien dû sacrifier un étang entier, le fiston d'Edmond.

Et maintenant, prêtez-vous à une petite expérience. Prenez un faitout plein d'eau froide, plongez-y une grenouille de nos contrées. La reinette innocente nage tranquillement dans le liquide. Le feu est allumé sous le récipient. L'eau se chauffe doucement. Elle est bientôt tiède. La grenouille trouve cela plutôt douillet et continue de s'ébattre, sans se douter de rien, car la grenouille, cette écervelée, ne doute de rien. La température commence à grimper. L'eau devient chaude. C'est un peu plus que n'apprécie le batracien ; ça la fatigue un peu, mais elle ne s'affole pas pour autant, car la grenouille ne s'affole que dans les situations affolantes, ainsi que nous l'a appris Rostand, ce qui ici est loin d'être le cas. L'eau est maintenant vraiment chaude. La grenouille commence à trouver cela fort désagréable, mais elle est aussi ramollie, alors elle supporte et ne réagit pas. La température de l'eau va ainsi monter jusqu'au moment où la grenouille va tout simplement finir par mijoter dans ce court-bouillon et mourir, sans jamais s'être extraite du récipient.

Plongée dans une marmite à 50 °C, la grenouille aurait donné immédiatement un coup de pattes salutaire et se serait retrouvée dehors illico.

Cette expérience est riche d'enseignements. Elle montre que lorsqu'un changement s'effectue de manière suffisamment lente, il échappe à notre entendement et à notre perception de l'environnement et ne suscite la plupart du temps pas de réaction, pas d'opposition, pas de révolte.

Le principe de la grenouille dans la marmite d'eau est un piège dont on ne se méfie jamais assez. Les changements lents et les modifications progressives et évolutives sont particulièrement insidieux. Mais les transformations radicales sont très difficiles à obtenir, sinon impossibles à réaliser. Le mieux, c'est bien sûr, de ne rien changer. Ne pas bouger, sauf en cas d'extrême urgence, sous la contrainte ou la coercition, et seulement après y avoir été invité par les autorités compétentes. C'est tout de même plus sage, plus raisonnable et beaucoup moins risqué. Tout le reste est aventure, improvisation et doigt dans l'engrenage. Le risque d'amputation du bras n'est pas loin.

La grenouille est un animal sacrément pratique. Elle va nous permettre d'illustrer une seconde facette de notre propos. Souvenez-vous de vos lointaines humanités. En ces temps historiques où la récitation était un exercice encore couramment pratiqué, tout comme la dictée et le calcul mental (nostalgie, nostalgie, quand tu nous tiens), vous avez appris, cela ne fait aucun doute, *Les grenouilles qui demandent un Roi* du bon Monsieur de La Fontaine.

Dans cette fable, les grenouilles, se lassant de l'état démocratique, par leurs clameurs firent tant qu'il leur tomba du ciel un roi tout pacifique. Ce qui ne fit pas leur bonheur. Les batraciens versatiles voulurent un roi qui se remue. Le monarque des dieux leur envoya une grue. Qui les croque, qui les tue, qui les gobe à plaisir. Et les grenouilles de se plaindre à nouveau. L'instigateur du changement leur dit sentencieusement : « *Vous auriez dû premièrement garder votre gouvernement, puis vous accommoder d'un roi débonnaire. De celui-ci, contentez-vous, de peur d'en rencontrer un pire.* »

C'est là bien sûr toute la puissance de la fable. Les grenouilles sont une métaphore des hommes, atteints congénitalement de versatilité capricieuse, ce qui est très ennuyeux quand on est allergique au changement. Jamais contents de leur sort, les hommes. Les femmes non plus. Veulent-ils vraiment le changement, le bouleversement de leur routine et le chamboulement de leurs habitudes ou ne désirent-ils qu'un changement rêvé, fantasmé, imaginé ? Dans nos sociétés complexes, le changement parfait n'existe pas puisque ce qui arrange l'un nuit évidemment à l'autre. On ne saurait contenter et tout le monde et son père. À société idéale, changement idéal. C'est aussi simple que cela, mais aussi pure fiction sortie de notre imagination sans borne.

Le paradoxe du bourdon

Les anges volent,
parce qu'ils se prennent eux-mêmes à la légère.

G.K. Chesterton

Question changement, les animaux sont nos maîtres. Comme chacun sait, le bourdon est une grosse abeille velue et trapue, à l'abdomen annelé, vivant en petites sociétés dans des nids souterrains. Ce spécimen de la famille des hyménoptères, plus précisément des bombidés selon certaines sources entomologiques ou des apidés (la controverse reste ouverte) joue un rôle essentiel dans la pollinisation des trèfles, des légumineuses, des pieds de tomate, des piments, des poivrons et des melons. Sa piqûre n'est pas à craindre. Bon, et alors ? Patience, vous allez voir où nous voulons en venir.

Petite dans un univers à l'échelle humaine, faisant un bruit du diable quand elle agite ses élytres, ses ailes et son corps difforme, cette bête est surdimensionnée. Son Cx, c'est-à-dire son coefficient de pénétration dans l'air, est gigantesque. Tellement important d'ailleurs que, dans ces conditions, il est totalement impossible de voler, tout le monde sait cela.

Tout le monde SAUF le bourdon, et c'est pour cette raison qu'il vole. Pourquoi voudriez-vous qu'il change ? Bien sûr, s'il devait tenir compte de son Cx paralysant, révélant l'importance de la résistance à l'avancement d'un mobile, il se condamnerait lui-même à rester cloué au sol. Mais, inconscient de son obésité intrinsèque, propre à son espèce et insouciant des contingences exogènes, le bourdon vole et butine presque gracieusement de corolle en corolle.

Malgré son vrombissement incessant, et assez agaçant, il faut bien le reconnaître, le bourdon nous donne une belle leçon d'humilité en faisant l'éloge de l'impossible dans l'immuable. Sacré bourdon ! Il met en pratique à tout instant la fameuse pensée de Mark Twain : « *Ils ne savaient pas que c'était impossible, alors ils l'ont fait.* »

L'intranquillité du homard

J'ai goût des homards qui sont tranquilles,
sérieux, savent les secrets de la mer,
n'aboient pas.

Gérard de Nerval

Quand il change de carapace, le homard perd d'abord l'ancienne et reste sans défense et sans protection, le temps d'en fabriquer une nouvelle. Pendant cette période-là, il est en grand danger ! Le homard sans son bouclier naturel est vulnérable. Cette phase intermédiaire n'est jamais un moment confortable.

Et ce qui est valable pour le crustacé l'est également pour les entreprises et les organisations. Le danger auquel elles sont confrontées est d'abord interne. Ressources humaines et forces vives vont alors tenter la déstabilisation par une revendication inacceptable, par un mouvement social, par un piquet de grève. Mais ce péril endogène est souvent amplifié de menaces externes, telle une OPA hostile, une tentative déloyale de rachat ou de captation, une attaque sournoise. L'économie de marché ne fait pas de cadeaux et se repaît des maillons faibles de l'écosystème. Dans les parages du homard sans protection rode souvent le congre, à l'affût. On ne se méfie jamais assez des congres !

Pour réussir, les changements doivent se faire à grande vitesse. Prenez les fusions. En général, elles sont mûrement réfléchies, financièrement et juridiquement. On a appuyé sur le bouton et vite, il faut passer à la mise en œuvre. Sur le terrain, malgré le déploiement de tous les trésors d'imagination, c'est loin de se passer comme le plan l'avait prévu. Les troupes renâclent, résistent, au mieux font semblant, et ce petit manège hypocrite et néfaste peut durer des années. Les deuils ne se font pas comme ça, par simple décret. Un travail de deuil est nécessaire. Les transitions sont souvent escamotées, car il faut aller vite, toujours plus vite, trop vite.

La prise de risque est périlleuse lorsque, au moment de la mue, on se retrouve sans défense et qu'il faut envisager rapidement l'acquisition d'une protection. À chaque transition importante surgissent des situations auxquelles vous, nous, et surtout les autres, avons quelques difficultés à assumer. Ces moments de transition, de franchissement d'un stade à un autre, sont particulièrement délicats quand il s'agit de changer, tant est grande notre vulnérabilité, apparente ou réelle.

Nous parlons ici des situations où l'on perçoit bien ce qui est en train de mourir ou de disparaître laissant une béance vertigineuse ; ces petits riens qui font notre confort et notre bien-être qu'on est obligé d'abandonner ; ces lieux où l'on doit se rendre sans savoir exactement pourquoi et leur emplacement exact ; et surtout quels gains on va pouvoir obtenir. Ces instants où il y a de l'insécurité dans l'air, où l'entreprise et l'individu entrent dans une ère nouvelle, acquièrent une sorte de maturité en laissant derrière soi une enfance mythique et nostalgique : c'est le syndrome du homard.[1]

Le homard est obligé de nager en eaux troubles. Comme c'est désagréable. Alors, quel intérêt se demande notre crustacé à se débarrasser de son ancienne carapace ? C'est la nature. C'est comme ça. Il n'y a rien à faire…Il ne va pas commencer à poser des questions, le homard…

Arrive le moment inéluctable où cette enveloppe faussement confortable l'enserre. Il faut se débarrasser de cette gangue au risque de se retrouver coincé dans une sorte d'étau insupportable, un corset de tortures. La mue est donc une question de survie. Difficile d'y échapper. Mais, ne vaut-il pas mieux être maître de son destin que de le subir ?

---

1. Françoise Dolto, Catherine Dolto, Colette Percheminier, *Paroles pour adolescents ou le complexe du homard*, éd. Hatier, 1989.

Faut-il un pilote dans l'avion ?

En matière de changement, doit-on être accompagné d'un guide ? Se prendre par la main ne suffit-il pas ? A-t-on vraiment besoin d'un mentor ou d'un Pygmalion pour nous dire ce qu'il faut faire, ce qui est bon pour nous et pour nous dire dans quelle direction aller ? La question est délicate, d'autant qu'elle peut être posée à deux niveaux, l'individuel et le collectif.

Penchons-nous tout d'abord sur notre sort personnel. La propension actuelle, diraient les sociologues ou les prévisionnistes – qui savent mieux que nous combien il est difficile de prévoir, surtout l'avenir – nous montre que, pour la majorité d'entre nous, un guide est une obligation. Dans le langage d'aujourd'hui, on dit coach. C'est très tendance. Inutile de résister, chaque minute qui passe voit naître une nouvelle forme de coaching. Qui n'a pas son coach aujourd'hui semble voué à faire du surplace, voire à régresser. La réponse aux pannes d'évolution que notre société connaît actuellement dépendrait-elle de notre capacité à nous faire coacher ?

Regardons maintenant du côté collectif. Pour y répondre, posons-nous une seconde question. Que deviendrait-on s'il n'y avait pas de pilote dans l'avion ? Poser la question, c'est déjà y répondre. C'est patent, personne n'est prêt, même à l'heure de l'A380, à monter dans un drone, ces petits objets volants totalement identifiés, téléguidés ou programmés, chargés en principe de la surveillance de territoires.

Maintenant qu'on perçoit la nécessité d'être dirigé et qu'il est presque sûr qu'un capitaine soit indispensable, surtout quand il s'agit de changement, il nous faut voir comment le hiérarchique et le collaborateur cohabitent. L'irréductible Gaulois, râleur et vindicatif, singulièrement individualiste, qui sommeille en chacun de nous, accepte-t-il aussi facilement de se faire guider ? Même avec un contrat de travail bien ficelé, un code du travail à faire pâlir d'envie, dit-on, les meilleurs juristes outre frontières, comment aujourd'hui se comporte-t-il vis-à-vis de l'« autorité » ? Le salarié frondeur peut accepter de nouvelles directives, en faisant mine d'y croire et, au fond, ne pas vouloir les appliquer.

Cette ambivalence pose clairement le principe du changement subi et du changement accepté. Les exemples ne manquent pas pour illustrer cette proposition à tête de Janus. Chacun se souvient encore de la tentative de réforme de la sécurité sociale en 1995. Conduite par un Premier ministre, premier de la classe, dont les intentions et les compétences ne sauraient être mis en doute, elle a secrété, à l'époque, quelques toxines redoutables, voire mortifères. Comme un corps qui rejette un greffon, le gouvernement s'est vu obligé, sous la pression de la rue, de retirer la réforme et son promoteur a été remercié. Merci, vraiment.

Les entreprises connaissent aussi de telles mésaventures : la célèbre marque de colles Sécotine lança avec force démonstration un nouveau fruit de son département Marketing. Soit par manque d'explication stratégique de la hiérarchie, soit par surcharge inopportune de travail, les vendeurs de la marque, le bout de la chaîne mais les maillons indispensables, artisans du succès ou de l'échec d'un produit, firent capoter le projet. Tout simplement, ils n'y croyaient pas.

Dans la majorité des cas, c'est au dirigeant que revient l'honneur de prendre le manche du changement. Qu'en fait-il au juste ? Il suffit dans de telles occurrences d'interroger les passagers. Comprennent-ils bien la logique des nouvelles orientations ? En fait, dans la plupart des cas, ils ne sont pas toujours très sensibles à ces changements de cap. Ils leur passent souvent au-dessus. Ou bien, ils sont au-dessus de ces modifications de directions. Question de hauteur de vue.

La longue-vue du capitaine

Quand la mer est tranquille,
chaque bateau a un bon capitaine.

Proverbe suédois

Remarquons malgré tout que, ces dernières années, grâce à l'évolution du management participatif, de la mise en place d'organisations apprenantes et autres méthodes estimées plutôt valorisantes prenant en compte les revendications parfois même légitimes des salariés, de gros progrès ont été réalisés en matière de visibilité.

Les pyramides organisationnelles d'antan ne permettaient pas d'apercevoir la statue du Commandeur. Elles offraient toutefois une certaine efficacité. On disait *par là*, on allait *par là*. L'exécution était, à de rares exceptions près, soignée, propre, lisse. En plus, la conscience professionnelle gommait les aspérités. Le corps, *l'organisation*, avait plutôt tendance à suivre avec une certaine facilité la tête, *la direction*. D'ailleurs, n'avez-vous jamais remarqué que c'est la direction qui est censée imprimer la direction ? Étonnant, non ?

Rapidement, les directions du personnel puis les directions des Ressources Humaines se sont rendu compte que le système ne pouvait plus fonctionner ainsi. Question d'usure certainement, et, peut-être aussi de mode. Est alors apparu un courant venu de l'outre-Atlantique qui a entraîné les habitants de la vieille Europe, vers le rabotage de ces belles constructions pyramidales. Nos organisations ont perdu de la hauteur. Pour le salarié, il paraît que ça lui a rendu la vie plus facile. Ce qu'il a perdu en connaissance architecturale égyptienne, il l'a gagné en confort et en aisance dans ses relations de travail. Les élongations du cou sont maintenant moins fréquentes. Le salarié de base peut désormais apercevoir le hiérarque qui siège au sommet. C'est plus rassurant.

Cependant, il reste plutôt perplexe sur la compréhension des signes que lui envoie cette sommité. Il y voit souvent de l'hésitation, beaucoup de flou et même parfois de la contradiction avec les faits. Doit-il aller à gauche, à droite, au milieu, reculer, avancer ? Difficile pour lui de décrypter, surtout lorsque les injonctions sont contradictoires. Le dirigeant a-t-il lui-même pleinement conscience de ces perturbations déchirantes, de ces surplaces *grand écart* que vit le collaborateur ?

En fait, non, il n'en a pas conscience. Et cela est vraisemblablement dû à une fréquentation trop assidue du cockpit. Ce n'est pas une tour d'ivoire, mais cette carapace en plexiglas isole assurément et, en conséquence, fait perdre quelques réflexes fondamentaux pour diriger l'entreprise.

À cause de l'instabilité de l'environnement, quelle organisation a le courage actuellement de se définir un sillon, de le suivre et de s'y tenir ? Aurait-on lors du passage chez l'opticien fait l'impasse sur l'option *vision de loin* ?

Une autre façon de poser le problème, c'est de se dire, oui d'accord pour le capitaine mais de quel capitaine a-t-on besoin ?

Imaginons un instant que l'on puisse choisir son dirigeant, ce qui soit dit en passant est rarement le cas. Quels critères prendrions-nous ? Tentons une sélection par la méthode des choix négatifs ? Dit autrement, quels sont les types de dirigeants à qui l'on ne voudrait pas confier les commandes du changement :

- le pseudo dirigeant ;
- le dirigeant super gestionnaire ;
- le dirigeant béni oui oui ;
- le dirigeant autocrate presque dictateur ;
- le dirigeant démago ;
- le dirigeant attentiste ;
- le dirigeant opportuniste ;
- le dirigeant surdiplômé, major de sa promotion ;
- etc.

Nous avons certainement omis quelques cas. Vous pouvez compléter cette liste, elle n'est pas exhaustive. Par un juste retour des choses, le dirigeant détient une liste identique de critères… à l'attention de ses collaborateurs.

Diriger ne peut jamais être un exercice unilatéral. La double relation est nécessaire. Il serait trop facile pour la conduite du changement, de prétendre que seul le pilote détient les commandes et toutes les commandes.

Pour voler, un avion a besoin d'aiguilleurs du ciel fiables, de mécaniciens hors pair, de techniciens de maintenance aguerris, d'un équipage dévoué et compétent, etc. On n'imagine pas le personnel nécessaire au décollage et à l'atterrissage pour que tout se passe bien. Pour l'entreprise, c'est pareil. Le travail est d'équipe, et l'aventure est collective. Un bon pilote est nécessaire mais nettement insuffisant[1]. Il faut aussi de bons équipiers et de l'entraide surtout lors des passages à fortes turbulences. Les équipes soudées à un dirigeant volontaire arrivent à surmonter des moments délicats. De telles configurations existent en temps de guerre.

---

1. Les cours de pilotage sont largement détaillés dans la troisième partie de cet ouvrage.

Une population fondamentalement changée mais qui ne veut fondamentalement pas changer

Changement d'herbage réjouit les veaux.

Proverbe berrichon

Les Français ont changé[1]. Malgré eux. Il semblerait même qu'ils soient dans une position nouvelle d'adaptation. Après les Trente Glorieuses de progrès optimiste et le repli défensif des deux décennies qui s'étalèrent de 1980 à 2000, les *Hexagonautes* se montrent désormais perplexes et frustrés et versent dans une sorte de négativisme dépressif, un pessimisme tendanciel comme l'affirme le sociologue Bernard Cathelat, fondateur du CCA. Dans sa dernière étude sur les prospectives de vie, il annonce la couleur. Elle est plutôt grise : « *Ce pessimisme, jusqu'alors paralysant, devient moteur : cette perspective sociale n'est pas l'idéal, **mais on n'y peut rien et il faut vivre avec*** ». Il parle même d'une nécessaire accommodation à un monde que l'on rejette globalement.

---

1. La typologie qui va suivre est tirée d'une enquête du CCA (Centre de Communication Avancée) intitulée « Prospectives de vie 2004-2008 ».

De cette analyse et d'après les scénarios de ce cabinet d'études prospectives, il ressort que les prochaines années devraient voir imploser la société industrielle occidentale en plusieurs micro-cultures concurrentes, incohérentes et non-communicantes.

Cinq vents sociaux, pratiquement d'égale force, soufflent dans cinq directions différentes, diamétralement opposées, voire antagonistes :

◗ Le premier courant est celui de l'électron libre. Être soi. L'électron libre prône la liberté par la technologie, dans une société-réseau d'individualités sans attaches. Insaisissable par nature, il joue à loisir les caméléons, s'amusant à masquer sa vraie personnalité et découpe sa vie en tranches séparées par des cloisons étanches. Ce courant représente 28 % des Français.

◗ La deuxième tendance de dynamique sociale a pour référence la résistance matérialiste. Ce groupe de 23 % défend le modèle d'une société de protection paternaliste. Il ne souhaite pas s'adapter, préfère s'enfermer dans une attitude protectionniste et entend profiter de chaque plaisir quotidien.

◗ Le troisième groupe constitué par 21 % de la population est celui de la médiamorphose. Face à une vie dénuée de sens, il est indispensable de connaître son quart d'heure de gloire promis à tout le monde par Andy Warhol. Ce groupe est composé essentiellement de jeunes, pas très riches, infidèles et impulsifs, adeptes d'une consommation ostentatoire et spectateurs assidus de la télé-réalité.

» Un courant de « réarmement dogmatique » représentant 16 % de la population s'affranchit dans un renouveau de principes et de convictions fortement ancrées, de morale et de règles rigides, dans une société fidèle à ses traditions. Dans la dernière enquête de ce type, ces conservateurs ne représentaient que 5 à 6 % des Français.

» Enfin, un vent force 12 % de formatage favorise un modèle social communautariste de classes et tribus rigoureusement organisées. Face à un monde de plus en plus compliqué, cette population exigeante se montre volontiers calculatrice. Les individus de ce courant comparent, lisent les modes d'emplois et les fiches techniques et ne renoncent pas à s'entourer d'un maximum de garanties.

Les consomacteurs
aiment le changement...
pour les autres

> *Juste avant d'abandonner un comportement,*
> *les consommateurs s'y livrent à fond.*
>
> Faith Popcorn, *Le rapport Popcorn*

Déjà en 2001, deux Américains[1] mettaient en lumière de nouvelles catégories de *consomacteurs* rétifs à la publicité et au marketing traditionnels. En 2004, Alexandre Pache, fondateur de l'agence de conseil en communication Eco & Co, leur emboîtait le pas en publiant un ouvrage[2] qui remettait sous les projecteurs cette typologie[3] :

---

1. Paul H. Ray, Sherry Anderson, *L'émergence des créatifs culturels, enquête sur les acteurs d'un changement de société*, éd. Yves Michel, 2001.
2. *La journée d'un petit bourgeois rebelle*, éd. Robert Laffont, 2004.
3. Le cabinet d'études TNS Media Intelligence, qui a publié en 2005 le *Marketing Book*, invente la notion de « non-consommateur » qui achète *« ce qu'il veut, quand il veut, comme il veut, où il veut »* et dans laquelle se cachent des profils inédits : les techno-réticents (surtout chez les femmes et les plus âgés), les alterconsommateurs (férus de commerce équitable), les *smartshoppers* (à l'affût des bons plans et prix attractifs) et les « conso-stoppeurs » (qui boycottent les circuits habituels).

▶ Les **bobos** sont les bourgeois bohèmes. Ils ont autour de la quarantaine. Ils gagnent entre 2 000 et 6 000 € par mois. Ils travaillent principalement dans la pub, la COM ou l'informatique. On peut trouver aussi le spécimen dans la banque/assurance/finance, les grands établissements publics et parfois l'enseignement plutôt supérieur. Ils s'habillent, au gré de leurs caprices, de vêtements très chers ou de sapes trouvées aux puces. Voiture et VTT ne leur sont pas des objets incompatibles.

▶ Avec leurs confortables indemnités de licenciement, les **néo-ruraux** sont partis en province retaper une vieille bâtisse. Quinquagénaires bons vivants, issus de ménages recomposés ou de couples homosexuels, ils sont particulièrement sensibles à la qualité de la vie et à la convivialité. En parka militaire ou en veste Harris tweed, ils militent à Greenpeace ou au WWF pour sauver les derniers pandas qui survivent en Chine reculée.

▶ Inspirés par *No logo*, le livre de Naomi Klein, les **no-no** sont les héritiers en droite ligne des bobos. En croisade contre le néolibéralisme, ces néo-activistes sont des militants d'Attac qui, en bande ou en solo, taguent la pub sur les murs ou dans le métro.

▶ Les **alternatifs** sont souvent d'anciens bobos qui ont décidé de durcir leur action pour militer activement dans la protection de l'environnement. Comme vous et nous, ils recyclent leurs déchets, mais le disent et s'en enorgueillissent, refusent de polluer en conduisant, ne comprennent rien aux hurons qui possèdent un 4 x 4 et usent et abusent de leur carte orange en proclamant haut et fort, s'ils habitent Paris, qu'ils ne se déplacent qu'en grande voiture verte et blanche avec un chauffeur. Les alternatifs achètent et mangent bio et consomment des produits du commerce équitable.

⟩ Les **nimby** (*Not In My Back Yard*/Pas dans mon jardin) sont plutôt écolos et progressistes, mais sont prompts à s'organiser en association de défense dès qu'on voudrait installer près de chez eux une station d'épuration ou un site d'enfouissage de déchets nucléaires. Les membres de cette tribu, individualiste par essence, vivent en presque autarcie dans des banlieues résidentielles.

Un éditorial des *Échos*[1] analyse bien le phénomène et stigmatise ceux *« qui n'approuvent un changement qu'à condition qu'il ne les touche pas personnellement. »* Ils acceptent avec enthousiasme la construction de voies pour un nouveau TGV, mais ne toléreront pas que les rails passent près de chez eux. Les salariés approuvent sans broncher que leur entreprise cherche à améliorer productivité et compétitivité, mais à condition que la nouvelle organisation ne touche pas leur propre poste de travail. L'éditorialiste conclut sans illusion son propos : *« Aussi ne s'étonnera-t-on pas que se déclenche, à l'occasion de tout projet de changement, le réflexe du survivant qui cherche à se mettre à l'abri. »* La tendance au nimby révèle l'allergie citoyenne au changement. Devant l'inanité des actions collectives et la désaf-

---

1. *Les Échos*, 15 octobre 2004.

fection du syndicalisme, les salariés pratique le repli sur soi et bricolent des stratégies individualistes pour rendre le changement supportable.

Dans un monde en mouvement brownien permanent, la contemplation du nombril, très souvent apparent sur les corps féminins dans les rues de nos contrées occidentales, semble devenue une nouvelle religion... heureusement pacifique.

Théorie du pessimisme ambiant

L'humanité ne produit des optimistes
que lorsqu'elle a cessé de produire des heureux.

G.K. Chesterton

« *La sinistrose des Français inquiète le gouvernement.* » Gros titre à la Une du *Monde* du 19 janvier 2005. Quelques jours plus tard, autre titre : « *Le moral déménage.* » Ces constats ne sont guère réjouissants. Selon un rapport de synthèse des préfets, « *les Français ne croient plus en rien* ». Et surtout pas au changement. Ni aux belles promesses qui n'engagent plus ceux qui les prononcent. Ceux qui les écoutent non plus d'ailleurs. Le rapport poursuit, sur un ton désabusé et désespérant : « *C'est même pour cela que la situation est calme car ils estiment que ce n'est même plus la peine de faire part de son point de vue ou de tenter de se faire entendre.* » Atonie, résignation, attente, peur de l'inconnu, sinistrose, angoisse. Jamais les expressions pour désigner le moral des Français n'ont été aussi empreintes de pessimisme. Les syndicalistes font un constat morose : les Français sont inquiets, mais ne bougent pas ou peu. La mobilisation n'est pas au rendez-vous. La grève « par procuration » est bien pratique. Elle évite de se déplacer. Le traditionnel itinéraire Nation-République dans la capitale fait de moins en moins recette. Le pavé est déserté.

Est-on réellement encore dans un pays démocratique ? Posée ainsi, la question peut paraître choquante, voire provocatrice. Mais, cette entité abstraite, dite le peuple, qui a désigné par le biais des urnes ses représentants pour le gouverner, dans la plus pure tradition d'un Montesquieu ou d'un Rousseau, selon notre contrat social, ce peuple donc a-t-il l'impression d'être entendu quand il descend dans la rue pour protester ? Ses revendications collectives sont-elles seulement examinées ? Prises en compte ? *« Plus ça change et plus c'est pareil ! »* entend-on dans les cafés. Chaque majorité accédant au pouvoir, gauche ou droite, entend réaliser la politique qu'elle a défini, sans grand succès d'ailleurs le plus souvent, mais surtout sans écouter le sourd mécontentement qui monte jusqu'aux fenêtres des hôtels ministériels. Non seulement les citoyens ont le sentiment que leur avis ne compte pas mais en plus l'intégration de nombreuses populations étrangères ne fonctionne pas et l'ascenseur social reste au rez-de-chaussée.

L'éditorial de Favilla dans les *Échos* du 21 janvier tente de donner des explications à cet esprit chagrin ambiant en constatant que les Français répondent qu'ils sont heureux dans une France patraque. Tout bouge. Révolution de l'information numérique, chute du mur de Berlin, la Chine sortant de quatre mille ans d'isolement pour conquérir le monde à une vitesse époustouflante. L'Inde et le Brésil suivant le même sillage. *« La morosité française est le fruit de l'infantilisme qui règne dans les relations entre les dirigeants et les citoyens à qui l'on ne dit rien de l'essentiel. […] Elle n'est donc pas individuelle mais collective, c'est-à-dire politique. »* Le NON au référendum du 29 mai 2005 : une conséquence logique.

Quand la gauche au pouvoir tient un discours résolument optimiste qui renvoie à sa conception du monde fondée sur la solidarité et sa croyance dans le progrès, la droite au pouvoir joue sur les peurs, thématique anxiogène. Jérôme Jaffré résume ainsi les stratégies opposées, les différences d'options[1] : « *La gauche met l'accent sur l'amélioration des choses au risque de susciter impatience et revendications, la droite provoque l'inquiétude pour justifier ses réformes et son utilité au risque de plonger le pays dans la morosité et l'abattement.* » Dont acte.

Rassurons-nous ! Il n'y a pas que dans l'Hexagone que sévit ce climat délétère. En Grande-Bretagne, Cliff Arnalis, professeur de psychologie de l'université de Cardiff (Pays de Galles), a défini par une formule mathématique que le lundi 24 janvier 2005 était le jour le plus déprimant de l'année. La formule est la suivante : W + (D – d) x TQ/M x NA. Vous additionnez la météo (W) à la différence entre l'endettement (D) et le salaire attendu à la fin du mois (d). Vous multipliez par le temps écoulé depuis Noël (T) et la période entre la prise de bonne résolution du nouvel an et son échec (Q). Le tout est divisé par la motivation (M) multipliée par un coefficient mesurant exactement la volonté de changer sa vie (NA).

Un tiers de rationalité mathématique, un tiers de flegme britannique, un bon tiers d'imagination débridée, et le cocktail, un peu amer il est vrai, est prêt à être bu jusqu'à la lie.

---

1. Article paru dans *le Monde* du 6 février 2005.

Le contrat de défiance

Confiance et défiance
sont également la ruine des hommes.

Hésiode

Une enquête dresse l'état des lieux du pouvoir vu par les pouvoirs[1]. Sous cet angle, la société française apparaît comme une société coincée par la généralisation de la défiance. Paralysée, minée par la peur et le ressentiment. En crise du collectif, liée à la perte des dogmes fondateurs et des valeurs communes, sauf peut-être dans des circonstances graves comme les conséquences d'une canicule exceptionnelle ou d'un tsunami historique ou dans des occurrences plus légères comme la Coupe du Monde de football ou l'attribution des Jeux olympiques.

L'enquête continue dans les termes les plus sombres : « *Le ciment social disparaît, la société s'atomise, la fin des systèmes globaux entraîne une crise morale, voire psychologique, sans précédent, caractérisée par le refus du risque autant que la créativité, la peur individuelle autant que collective, le sentiment victimaire autant que le retour à la bouc-émissarisation.* » Des témoins apportent leur contribution. Contribution tout ce qu'il y a de plus directe mais pessimiste, non dénuée de

---

1. Enquête de EURO RSCG C & O, « La société de défiance généralisée, enquête sur les nouveaux rapports de force et les enjeux relationnels dans la société française », 30 septembre 2004.

lucidité : « *Nous sommes une société sans projet* » ; « *Il y a des alarmes en France qui traduisent le désarroi et la désorientation des citoyens* » ; « *Nous sommes une Nation, mais nous nous détestons* ».

En marge de ce sentiment de peur et d'impuissance, les leaders d'opinion interrogés craignent une régression. Ils dénoncent un nouvel obscurantisme dans lequel la connaissance est mise en question : « *L'avis du Français moyen vaut autant que celui d'un grand professeur.* » Notre époque est saturée d'informations. « *Trop d'informations tue l'information* ». Désormais, tous les événements se valent. Pour varier, les radios d'information continue « déconstruisent » la hiérarchie des nouvelles : Le match nul du PSG contre l'OM fait la Une des titres devant les milliers de morts du Darfour (c'est où, au fait ?) ou un attentat meurtrier en Irak (encore un ?). Sauf événement mondial, mondialisé et médiatisé comme tel, type raz-de-marée dévastateur à 280 000 morts ou attentat contre les tours du World Trade Center, c'est la loi journalistique du mort-kilomètre – un mort à un kilomètre est plus important que 10 000 morts à 10 000 kilomètres – qui fait désormais référence. « *Nous sommes dans une période préscientifique non fondée sur la connaissance. Le danger, c'est que cette évolution menace le progrès et le pouvoir qui repose sur la connaissance.* »

Au pessimisme ambiant de la société (voir plus haut) répond l'inquiétude profonde des élites qui semblent souffrir de la disparition d'un projet commun : « *Ne pas croire que demain sera meilleur pour nos enfants est une vraie source de désespérance.* » La crise sociétale peut-elle épargner les élites ? Non. À société en crise, pouvoirs en crise. « *Les composantes du pouvoir sont des agrégats de micro-décideurs.* » Dans cette nouvelle donne, certains pouvoirs renforcent leur autonomie. La redistribution des cartes se fait au profit des entreprises et des collectivités locales. « *Comme au Moyen Âge apparaissent des Villes-États.* » Certaines entreprises ont tellement de pouvoir qu'elles peuvent se permettre de dicter à l'État sa politique industrielle. C'est le cas notamment de France Telecom ou d'EDF-GDF qui profitent à plein de leurs dernières années en position monopolistique pour imposer leurs vues au ministère de l'Économie et des Finances. Ou du département des Hauts-de-Seine dont la « force de frappe » est équivalente au budget de la Grèce.

Cette recomposition se fait au détriment bien sûr du pouvoir politique. Son rôle ne consiste plus qu'alors à insuffler aux citoyens un minimum de croyance dans le lendemain. Un autre témoignage, quelque peu sans illusion : « *L'homme politique a une forte tendance à la démission, en se réfugiant derrière Bruxelles ou la mondialisation.* » Les pouvoirs ont tendance à s'isoler et à se couper les uns des autres. L'exemple le plus patent est l'étanchéité décrite entre pouvoir politique et pouvoir économique : objectifs, temporalité, rythmes, territoires différents, tout concourt à la prise de distance. « *La déconsidération est telle entre le monde politique et le monde économique qu'elle déplace les lieux de pouvoir.* » Comme les pouvoirs agissent désormais de manière isolée, ils ne produisent plus ni réforme ni action effectives sur le collectif.

Ce sont les opinions multiples qui détiennent le pouvoir ou plutôt les pouvoirs : opinions des marchés financiers, du consommateur, du citoyen. Elle fait comme elle défait les régimes. La révolution ne se fera plus par le peuple, elle se fera – si elle se fait, ce qui n'est pas totalement certain, vu les velléités relatives au changement – par l'opinion publique. On ne vote plus selon ses convictions profondes mais selon l'opinion du moment (l'humeur ?).

L'opinion semble vécue d'abord dans son opposition à la notion même de pouvoir : montée de l'émotion et de la versatilité, prévalence de l'instinct sur la raison, hégémonie du court terme, triomphe de la réaction contre l'action, obsession du consensus : « *l'avis de la majorité vaut vérité.* »

En quête de motivation

La motivation vous sert de départ.
L'habitude vous fait continuer.

Jim Ryun

Pourquoi les salariés ne sont-ils pas favorables au changement ? C'est simple : Ils sont démotivés. Ils n'y croient plus. À quoi ne croient-ils plus ? À la valeur travail ? Aux possibilités de changement(s) dans l'entreprise ? À rien ?

Seuls 15 % des salariés de six grands pays européens se disent fortement engagés dans leur entreprise, contre 20 % qui se disent complètement désabusés par leur activité et 65 % modérément enthousiastes, selon une enquête publiée par le cabinet de consultants Towers Perrin. Par pays, les résultats varient assez peu, même si trois types de situation apparaissent. En Europe du Sud, le nombre de salariés très démotivés est important (27 % en Espagne, 22 % en Italie). À l'opposé, c'est en Allemagne qu'on trouve le plus de salariés très motivés (23 %). En milieu de tableau, la France, la Grande-Bretagne et les Pays-Bas sont proches de la moyenne européenne. Ainsi, en France, on trouve 14 % de salariés très motivés, 68 % modérément engagés et 18 % désabusés. La situation est assez comparable aux États-Unis (17, 64 et 19).

Selon le cabinet Towers Perrin[1], l'importance du « *ventre mou* » formé par ces salariés modérément engagés s'explique par le fait que les entreprises « *n'ont peut-être pas su trouver les bons arguments pour motiver et engager leurs salariés* ». Pour Rodolphe Delacroix, consultant à Towers Perrin, il est établi que « *plus les salariés sont désengagés, plus ils seront nombreux dès que la fenêtre s'ouvrira à vouloir partir* ». Avec la reprise économique « *les entreprises qui vont le mieux s'en sortir sont celles qui seront capables de fidéliser leurs salariés et d'attirer les gens dont elles ont besoin* », a-t-il poursuivi.

L'enquête a été réalisée début 2004 par courriel auprès de 15 000 salariés à temps plein des secteurs public et privé en France, Allemagne, Italie, Espagne, Royaume-Uni et Pays-Bas.

Trois grands groupes de salariés se dégagent : les « *Pourquoi pas* », qui acceptent les efforts et s'investissent dans leur travail, les « *Pourquoi s'embêter* » qui sont tout simplement désintéressés, et la majorité des « *À quoi bon* » qui travaillent de façon routinière.

La raison de cette situation tient au fait que le management, durant les récentes années de récession, n'a pas su maintenir un niveau satisfaisant d'engagement de ses salariés du fait d'un manque de communication, de cohérence et surtout de projets.

1. Article paru dans la lettre de l'UJJEF, janvier 2005.

Il y a clairement un message d'alarme au management au travers des résultats de cette enquête. Seulement 15 % des salariés sont fortement engagés, c'est-à-dire motivés par ce qu'ils font et prêts à faire un effort supplémentaire dans leur travail. C'est de toute évidence une mauvaise nouvelle pour les employeurs.

Ensuite, 25 % de la main-d'œuvre européenne est complètement désintéressée par le travail effectué, tandis que 65 % est modérément engagée... Si les salariés continuent à être si nombreux à se désintéresser de leur travail, le risque pour les entreprises de passer à côté des salariés à haut potentiel demeurera grand alors que les signes d'une reprise apparaissent dans l'économie.

Pour l'exemple

Les exemples durent plus longtemps que les caractères.

Tacite

Les salariés sont prêts à s'engager si certaines conditions comportementales du dirigeant sont remplies, plus précisément son exemplarité au regard des valeurs de l'entreprise, ou l'intérêt qu'ils portent au bien-être de ses collaborateurs. Les salariés restent très critiques envers leur entreprise.

Ce n'est pas parce qu'une majorité de salariés est moyennement engagée que l'on peut parler d'une crise de la valeur travail. Le travail reste un élément de reconnaissance fort. L'enquête souligne les difficultés pour le manager de répondre à la multiplicité des rôles qu'on attend de lui, notamment d'être le relais de la direction dans un contexte de perte de crédibilité de l'entreprise elle-même. Investir dans le management de proximité semble désormais une priorité.

Parfois, la communication interne se contente de diffuser un certain nombre de messages aseptisés ou institutionnels par une multiplicité de médias. Ce faisant, elle ne répond pas aux besoins de communication de « contact de proximité » au service du management local.

Il existe une spécificité française en termes de reconnaissance et de politique salariale. Les années que nous venons de vivre ont davantage été marquées par des réductions du temps de travail que par de fortes augmentations salariales.

Encore trop souvent, le salarié français ne perçoit, dans le terme rémunération, que son salaire fixe, c'est pourquoi la clarification et la communication de ce que recouvre chaque composante de la rémunération (salaire de base, bonus, stock options...) devrait être aujourd'hui un chantier pour les directions des ressources humaines. De plus, ne faudrait-il pas davantage de transparence et d'implication des lignes managériales, notamment sur les problématiques de reconnaissance ?

Il faut donc redonner envie aux salariés de s'engager au sein de l'entreprise. Mais, bénéficier de conditions de travail favorables ou d'un niveau de rémunération supérieur au marché ne sont pas des paramètres suffisants. Avoir un travail motivant est placé par les salariés européens interrogés, dans le cadre de l'enquête, comme un facteur clé pour choisir une entreprise, y rester et s'y engager fortement.

Et Bernard Cathelat du Centre de Communication Avancée de renchérir[1] : « *Deux catégories de travailleurs devraient se séparer de plus en plus :*

▶ *Les* **exécutants** *(quels que soient leur niveau de qualification et leur métier, leurs niveau hiérarchique même) à qui l'entreprise demandera strictement une production stéréotypée par l'application de procédures standardisées, au moindre coût pour la plus forte productivité... L'idéal de l'entreprise "virtuelle" sera de se débarrasser de ces fourmis-productrices par*

---

1. Id.

externalisation, délocalisation, automatisation robotisée. Une nouvelle forme de "prolétariat" ou de "chair à canon"...

▶ Les **Interactifs** à qui l'entreprise demandera la souplesse, la capacité d'adaptation, le talent d'improviser rapidement, l'initiative autonome : la firme essaiera de garder ces collaborateurs, moins pour leur expérience et leur savoir-faire technique que pour leur énergie et capacité de prise de risque... Mais ceux-là vont devenir les moins fidèles, les plus cyniques et les moins attachés à l'entreprise.

Les nouveaux modes de management des RH produisent des collaborateurs d'apparence plus sagement conformiste, spontanément auto-formatée, non contestatrice.

Mais ils sont plus absents mentalement, plus désimpliqués de l'entreprise, moins fidèles, plus cyniquement individualistes, plus caméléons insaisissables, plus matérialistes "donnant-donnant", moins capables de réel sacrifice et solidarité... »

Conseils aux dirigeants
pour éviter tout changement

Conseil aux arrivistes :
Mangez du cirage, vous brillerez en société.

Pierre Doris

Être d'une opacité totale et d'une incohérence absolue en matière d'information et de communication ;

Croire que l'avenir appartient aux muets, aux mutiques et aux autistes ;

Prêcher dans le désert ;

Ne pas donner l'exemple ;

Rester derrière ses troupes en criant : « En avant ! » ;

Ne pas identifier les bastions de résistance : est-ce la production, le service commercial, les ressources humaines, ma garde rapprochée ? ;

S'attaquer tout de suite aux sommets les plus ardus, en espadrilles, sans posséder la moindre notion d'alpinisme (c'est une image !) ;

Ne pas repérer les leaders pour les manipuler selon la bonne vieille loi « Diviser pour régner » qui fonctionne toujours et les relais d'opinion pour leur insuffler des doutes en distillant quelques rumeurs opportunes ;

Faire semblant ou donner l'illusion du changement ;

Être démagogique ;

Diriger par la crainte et la soumission ;

Vouloir faire passer ses réformes en douceur, ça ne fonctionne pas quand il faut prendre les mesures qui s'imposent ;

Vouloir faire passer ses réformes en force, alors que tout serait passé comme une lettre à la poste si vous aviez agi avec doigté et diplomatie ;

Ne pas proposer d'accompagnement à ceux qui doutent de leurs facultés d'adaptation (c'est-à-dire tout le monde) ;

Attendre que quelque chose ou quelqu'un décide à votre place ;

Ne pas faire de cadeaux : « *Tant que les autres ne changeront pas, je ne bougerai pas…* » ;

Pas de compromis non plus : « *On ne va pas pinailler pour des détails…* ».

Témoignage d'un désabusé

La déception est un sentiment qui ne déçoit jamais.

François Mauriac

Un cadre dans une grande société de services française se met à table[1] : « *La motivation, l'attachement à l'entreprise se délitent parce qu'il n'y a plus d'adhésion aux dirigeants, qui sont changés comme on change la couleur d'une peinture. Autrefois, une entreprise, c'était un homme ou une femme avec une vraie identité. Aujourd'hui, ce n'est que le représentant d'actionnaires anonymes, dont le départ ou l'arrivée ne changent pas grand-chose, sinon en termes de licenciements ou d'avantages financiers* ».

Les meneurs hommes n'existeraient plus. L'entreprise serait désormais une « affaire » d'actionnaires, plus intéressés au rendement sur investissement que des préoccupations des salariés. La gestion se ferait à vue et les faillites de sociétés bien établies sont pour le moins inquiétantes. La répartition des bénéfices ne contribue pas à renforcer la confiance quand on sait qu'une partie est affectée par exemple à des rachats d'actions. Pour la grande majorité des cadres, l'obsession est devenue la conservation de son emploi et de son niveau de rémunération, sans la moindre illusion sur les valeurs de l'entreprise.

---

1. Id.

« *Si les 35 h ont été accueillies si bien, c'est que l'entreprise n'était plus, bien souvent, un lieu de bien-être humain. Je sens que les collaborateurs ont perdu la foi, et que leur religion est l'argent, parfois le pouvoir. C'est pour cela qu'ils se battent, et non plus tellement par un sentiment de fierté et de durabilité. On voit des guerres internes entre services et les gens quitter l'entreprise sans regret, ni même un mot. De fait, peu d'entre nous imaginent faire toute leur carrière dans la même entreprise.* »

Beaucoup se tournent vers la Fonction Publique pour la sécurité de l'emploi qu'elle assure encore ; mais pour combien de temps ? Là aussi l'incertitude plane. Les salariés préfèrent la considération au quotidien aux grandes opérations de communications, type grand-messes œcuméniques.

« *Savoir parler d'humain à humain est plus important que de faire des séminaires qui nous délivrent de grandes théories inappliquées au sommet de l'entreprise. Savoir considérer le travail de l'autre, le reconnaître est essentiel, d'autant que nous passons l'essentiel de notre journée au bureau. Or tout cela est fort rare, et souvent considération, valorisation ne sont que des slogans démentis par la pression quotidienne.*

J'ai connu maintes opérations de communication interne censées nous redonner le goût de la fraternité et du rassemblement, mais cela sentait trop le marketing pour que les collaborateurs y adhèrent vraiment. Souvent, ils font semblant pour ne pas faire de vagues.

Ne nous y trompons pas, à découvert, personne ne vous dira le quart de ce que je dis là, car la peur de perdre son emploi ou d'être mis au placard sont notre lot quotidien. »

Le jeu des huit erreurs[1]

Allons jusqu'au bout de nos erreurs
sinon nous ne saurons jamais
pourquoi il ne fallait pas les commettre.

Bernard Werber, *L'empire des anges.*

John P. Kotter, consultant américain, a accompagné dans leurs efforts de compétitivité ou de réorganisation plusieurs grandes compagnies américaines comme Ford, General Motors ou British Airways. De ces expériences, il a tiré quelques enseignements susceptibles d'aider des dirigeants tentés par une vaine bougeotte.

Premier constat : le processus de changement suppose que l'on passe par un certain nombre de phases obligatoires et incontournables. En oublier une ou faire l'impasse sur une autre, et c'est le plantage assuré. Donc, intégrer la dimension temps est non seulement primordial mais évite toute désillusion. Vouloir brûler les étapes ne produit qu'un sentiment de vitesse, et rarement sinon jamais de bons résultats.

Second constat : les managers les plus brillants, les plus capables, les plus entreprenants ne sont pas à l'abri d'une erreur fatale pouvant briser un élan, réduire à néant des

---

1. D'après John P. Kotter. À prendre avec des pincettes... et au 3e degré.

gains durement acquis, ou faire s'effondrer, tel un château de cartes en sable, une construction fragile.

Voici les huit opérations indispensables à réaliser par le dirigeant pour lui éviter un bouleversement fatal des structures de son entreprise qui risque de l'entraîner dans une aventure sans hier et sans lendemain, et enfin, on ne sait où.

Opération n° 1 :
ne pas stimuler le sentiment d'urgence

Le lancement d'un programme de changement exige la coopération active d'un maximum de collaborateurs. Faute d'une motivation suffisante, personne ne viendra en renfort, et l'opération ne mènera nulle part. Tel dirigeant a sous-estimé la difficulté de sortir les salariés de leur routine ou de leur léthargie. Tel autre a surestimé les résultats obtenus naguère dans une situation similaire. Un troisième n'a pas eu la patience d'attendre : « *Assez de préliminaires, passons aux actes !* »

Lorsque moins de 75 % des cadres de l'entreprise adhèrent au projet et sont foncièrement convaincus qu'il n'est plus possible de laisser les choses en l'état, on peut s'attendre à de sérieux problèmes dans les étapes suivantes du processus.

Opération n° 2 : ne pas constituer de noyau dur

Si la volonté du processus de changement repose sur les épaules d'une seule personne, comme par exemple le dirigeant, le président ou le directeur de division, il y a de grandes chances pour que le projet n'aboutisse jamais.

Comme le noyau dur ne se compose pas exclusivement de cadres dirigeants, il n'est pas inutile de lui adjoindre un leader syndical, un délégué du personnel ou un représentant des salariés. Le blocage survient plus vite.

Sans noyau dur, on peut faire pendant quelque temps des progrès apparents. Les forces d'opposition ont ainsi le champ libre. Elles peuvent ainsi se regrouper et annihiler plus facilement toutes les velléités de changement.

Opération n° 3 : manquer de vision

La vision doit exprimer clairement la direction que l'entreprise doit suivre. Connaissant cette exigence, il ne reste plus au dirigeant d'être obscur, abscons et abstrait dans ses explications. Il peut être aussi incompréhensible et inintelligible. On n'est jamais trop prudent. Sa vision de loin est floue. Il est myope. Ses lunettes sont sales ou cassées.

Faute d'une vision juste, l'effort de changement a toutes les chances d'avorter ou d'aboutir à une liste de projets confus et incompatibles entre eux, pouvant entraîner l'entreprise dans une direction erronée, voire nulle part.

Un conseil : si votre vision peut se résumer en moins de deux minutes et que vos proches la comprennent, vous faites fausse route. Le changement est aux aguets.

Opération n° 4 :
minimiser l'effort de communication

En matière de communication, il existe à peu près autant de manière de communiquer que de communicants.

C'est dire ! Que celui qui pensait qu'il y avait une bonne communication et une mauvaise se lève et aille immédiatement au piquet.

Premier cas de figure : le groupe élabore une excellente vision du changement et décide de la communiquer en une seule réunion ou une seule intervention. Peu de mémorisation. Aucun changement à l'horizon.

Deuxième cas de figure : le président s'échine à tout expliquer au personnel. Aucun succès. Le bide total.

Troisième cas de figure : l'entreprise décide un mix habile de communication orale et écrite, mais certains dirigeants se comportent de manière totalement opposée à la vision définie. On assiste à une montée du scepticisme chez les salariés.

Opération n° 5 :
laisser traîner des obstacles sur le chemin

Encore faut-il arriver à les définir ces obstacles. Une fois identifiés, il faut les éliminer. Sans ménagement (sans management ?). Il est essentiel d'agir, à la fois pour appuyer les autres et pour maintenir la crédibilité du processus global. Parfois, un employé voit se dresser une barrière infranchissable. Parfois, c'est la structure organisationnelle qui fait obstacle parce que la segmentation des tâches n'est pas adaptée à la nouvelle organisation prévue.

Quand on ne se décide pas à supprimer un obstacle, on risque d'enrayer la machine qu'on pensait bien huilée. Les cadres moyens croient à une faible implication de la direction. Le scepticisme prend le dessus. Le mouvement de transformation est arrêté.

Opération n° 6 :
ne pas poser quelques jalons sur le court terme

Posséder une vision lointaine est certainement mieux que d'avoir une courte vue. Néanmoins, il est capital de se fixer quelques objectifs faciles à atteindre. Sinon, ce but inatteignable, cette inaccessible étoile peut désespérer à la longue. Faute de repères intermédiaires, la plupart des salariés, un tant soit peu mobilisés au début, abandonnent ou vont augmenter les rangs de la résistance.

Ces points de repère sont des résultats concrets et tangibles comme un redressement temporaire du chiffre d'affaires, la sortie d'un nouveau produit ou d'une nouvelle gamme, le développement du contrôle de la qualité.

Attention ! Ne pas confondre se fixer des repères (attitude active) et attendre des résultats (attitude passive). Il ne faut pas négliger les résultats de court terme. Parce qu'un travail de rénovation ne se réalise pas en plusieurs jours ou en plusieurs mois mais en plusieurs années. Courage ! L'éternité, c'est long, surtout vers la fin.

Opération n° 7 : crier victoire trop tôt

Au premier résultat tangible et perceptible, il est tentant de croire qu'on est arrivé au bout du chemin. Un peu comme ces marcheurs du désert, assoiffés, qui en rampant voient une pancarte annonçant la fin du désert qu'il viennent de parcourir et sur le revers de la pancarte le début de celui à franchir. Avant que le changement ait définitivement pénétré dans la culture de l'entreprise, il peut se passer cinq ans, dix ans ; peut-être même, ça n'arrivera jamais. Le sentiment prématuré de succès et de réussite peut briser l'élan de plusieurs années d'efforts.

L'ironie veut que cette illusion d'achèvement menace autant les zélateurs que les détracteurs du changement. En effet, au premier succès manifeste, les premiers ne se sentent plus d'enthousiasme ; et les seconds, qui voient là l'opportunité d'en finir avec le processus, soulignent que, la guerre étant gagnée, les troupes peuvent regagner leurs foyers. Les dites troupes, fatiguées, ne se le font pas dire deux fois et ne demandent qu'à se laisser convaincre. Or, une fois qu'elles ont mis le pied à terre, elles répugnent à reprendre la route. Résultat, le processus ne tarde pas à s'arrêter, et la tradition reprend peu à peu ses droits.

Opération n° 8 : ne pas ancrer le changement dans la culture d'entreprise

Tant que les nouveaux comportements ne sont pas enracinés dans les normes et les valeurs communes, ils risquent de s'altérer sitôt la pression relâchée.

Il est parfois utile de bien expliquer pourquoi la performance s'améliore ou que les changements sont en train de rentrer dans les mœurs. Ces exégèses peuvent se faire pendant les réunions importantes de cadres dirigeants ou dans les articles du journal interne. Expliquer, démontrer, remettre sur le métier. Sans relâche.

Un mauvais choix de succession peut mettre à bas une dizaine d'années d'efforts. Vaut-il mieux choisir un continuateur médiocre qui incarne le changement ou un succes-

seur brillant pas opposé fondamentalement à des modifications majeures mais dont ce ne sont pas les priorités
absolues ?

On a juste oublié de vous dire que ces huit erreurs à ne pas
commettre sous peine de couler le navire peuvent bien sûr,
en les retournant, se transformer en huit étapes à suivre
dans cet ordre pour avoir quelques chances de modifier le
fonctionnement de l'entreprise. L'exercice consiste à
décrypter les étapes. C'est ce qu'on appelle le jeu des huit
erreurs.

Rome n'est plus dans Rome
ou fusion-acquisition-confusion

La taille ne fait pas tout ;
la baleine est en voie d'extinction
alors que la fourmi se porte bien.

Bill Vaughan

Il est un domaine où le changement est tellement subi par les salariés, du haut en bas de la chaîne managériale, tellement imposé que la mayonnaise ne peut pas prendre. Les exemples sont légions et quotidiens. Pour quelques réussites portées aux nues, combien d'échecs retentissants et déstabilisants pour les personnels et pour le marché : ce sont les fusions acquisitions. Qu'est-ce qu'une fusion-acquisition réussie ? C'est un montage qui a créé de la valeur. C'est aussi simple que cela. Si, au bout de cinq ans, la valorisation (V) de la fusion des entreprises est supérieure à la somme des deux valorisations des entreprises (A+B), on peut dire que l'opération a porté ses fruits. Ce qui est tout de même rarement le cas. Sony a perdu son kimono en rachetant Columbia, les deux aigles de Daimler Mercedes et de Chrysler ont donné naissance à une dinde. C'est la plaisanterie habituelle qui court.

Coup de balai à la Une des *Échos*[1]. Vous voulez du changement ? « *Carly Fiorina, PDG de Hewlett-Packard, licenciée par ses actionnaires* ». En gras, quatre colonnes à la Une. En dessous, en titraille, quelques compléments d'information : « *Le géant informatique n'a pas récolté les bénéfices promis de la fusion avec Compaq.* » Et l'article commence ainsi : « *Coup de tonnerre dans la Silicon Valley : Carly Fiorina, l'emblématique présidente de Hewlett Packard depuis 1999, a été remerciée par le conseil d'administration. Seule femme à la tête d'une société de l'indice Dow Jones, Carly Fiorina, paye la faiblesse des résultats du groupe informatique depuis la fusion géante avec Compaq.* »

Les statistiques – qui sont comme les minijupes, elles en montrent beaucoup mais elles cachent l'essentiel – sont formelles : après une période de deux à trois ans, deux fusions d'entreprises sur trois ne fonctionnent pas. « *Près d'une fusion sur deux échoue à cause de problèmes humains et culturels sous-estimés* », constate Jean-Pierre Doly, expert ès fusions à BPI[2]. Et quel que soit le cas de figure. Que l'on soit dans le domaine du rapprochement librement accepté ou du mariage contraint. Toujours dans un souci d'atteindre la taille critique, aussi éloignée que l'inaccessible étoile, les grands groupes convolent en justes – ou plutôt injustes – noces.

---

1. Jeudi 12 février 2005.
2. « Les petites batailles des grandes fusions », in *Liaisons sociales*, janvier 2005.

En quoi consiste-t-elle cette fameuse taille critique ? Existe-t-elle au moins ? Depuis que l'économie existe, c'est-à-dire depuis que le premier homme a cherché à échanger un bout de silex contre une peau de bête, on parle de taille critique. Rien à voir avec la taille de la pierre qui peut être critique aussi selon sa matière ou sa dureté. Nous évoquons ici, en remontant un peu moins loin, soit l'avènement de la société industrielle, la taille des entreprises. Toutes les entreprises.

Comment se fait-il qu'elles n'aient jamais la bonne taille, la taille idéale, la taille optimale ? Serait-ce du sexisme d'affirmer qu'elle doit avoir une part de féminité l'entreprise ? Elle se trouve une légère surcharge pondérale quand elle voudrait être maigre et, inversement, un peu fluette quand elle aurait bien besoin de prendre un peu de poids. Jamais contente de son sort, l'entreprise. C'est d'ailleurs peut être ainsi qu'on pourrait définir la taille critique de l'entreprise : trop grande pour traiter les petites affaires et trop petite pour s'occuper des grandes.

Cette définition est un peu courte, voire restrictive. La taille critique, ce n'est pas que cela. Ce serait bien trop simple. Les exemples de dégraissage, de restructuration ou de réorganisation comme chez Danone ou Marks & Spencer montrent assez bien que la taille critique est inversement proportionnelle au seuil de rentabilité prédéfini par les gains de productivité imposés par les actionnaires tyranniques, du moins omnipotents.

On est bien là dans la course au gigantisme. Nissan et Renault dans l'automobile. Air France et KLM dans l'aérien. Snecma et Sagem dans la technologie. Aventis et Sanofi-Synthélabo dans le médicament pour devenir le numéro trois mondial. Procter & Gamble rachète Gillette pour 57 milliards de dollars, ce qui porte à 21 le nombre de marques milliardaires du nouvel ensemble. Loin devant Unilever, l'ancien numéro un, qui doit être en train de concocter dans ses marmites une recette revancharde pour reconquérir sa place et le leadership. On se croirait dans une cour d'école primaire !

Dans la restructuration bancaire à haut niveau, le Crédit agricole et le Crédit lyonnais se passent la bague au doigt après le coup d'éclat de la BNP qui, par dépit amoureux de son flirt poussé et avorté avec la Société générale, s'est rabattu avec une inélégance consommée sur Paribas. Il faut dire que la dot dans la corbeille de mariage n'était pas à dédaigner. Pour Vivendi Universal et Seagram, c'est un peu l'alliance de la carpe et du lapin. Mais on est dans les années Messier, c'est-à-dire tout et n'importe quoi, du moment que ça rapporte… à court terme.

Dans une fusion, le processus d'intégration est difficile, voire impossible pour quantité de raisons. On mentionnera en premier lieu les différences entre les cultures et les styles de management. Ce sont des différences de cette nature qui ont assombri, dès le début, les chances de succès de la fusion du Suédois Pharmacia et de l'américain Upjohn en 1995. Bien que la Suède et les États-unis soient proches sous bien des aspects et que les modes de vie y paraissent très semblables, les petites différences dans les habitudes et les normes peuvent s'accumuler et se faire sentir. C'est ainsi que les managers d'Upjohn ont irrité leurs homologues suédois en organisant une série de réunions en juillet, mois où les Suédois prennent traditionnellement leurs vacances. De plus, les Américains avaient un style de management directif et soucieux du détail peu compatible avec la préférence donnée en Suède à la discussion ouverte et au consensus. Par crainte de voir l'un des deux partenaires prendre une position dominante si le siège social est localisé dans un des deux pays, il a été décidé d'implanter un nouveau siège à Londres. Mais, comme Pharmacia et Upjohn n'ont pas fermé leurs directions en Suède et aux États-unis, cela n'a servi qu'à créer un niveau supplémentaire de management redondant avec les structures existantes.

Dans ces mariages et ces rapprochements, et malgré une politique de communication renforcée, on n'empêchera jamais la peur de s'installer chez les salariés devant l'incertitude du lendemain et la volonté des directions de créer de la valeur par un mouvement de synergies scélérates qui ont pour but de faire sauter les doublons.

Pour réussir une belle fusion, il ne faut pas, bien sûr, négliger le management interculturel, cette tarte à la crème des années 2000 qui est exhibée quand on est à court d'arguments et qui a peine à dépasser la simple pratique d'une langue commune, en général le Globish. Voici les cinq égarements à éviter[1], et encore on n'est jamais sûr de rien :

▷ Imposer sa vision nationale à l'autre : Les Français négocient de manière plutôt frontale parce qu'ils n'ont pas la

---

1. Id.

culture de la négociation. Les Chinois attendent que la Terre bouge : les pierres roulent toute seules sur le côté.

❱ Négliger la culture d'entreprise : parfois, les fusions transnationales peuvent se révéler compliquées ; les Français se croient tous pareils, ce qui est une légère erreur d'appréciation. Les Américains se croient tous différents, ce qui est, après tout, la même légère erreur d'appréciation.

❱ Se montrer arrogant : Même si on possède une majorité confortable, surtout si on possède une majorité confortable, savoir étaler son humilité, sans aller jusqu'à la componction ; exercice de funambule.

❱ Fondre deux cultures : impossible ! Une culture domine toujours l'autre. Le secret, mais ne le répétez pas, c'est d'inventer une nouvelle et troisième culture *ex nihilo*.

❱ Imposer un modèle multinational : plaquer la culture IBM, avec ses codes vestimentaires, commerciaux, culturels, ça ne fonctionne plus. On est désormais obligé de tenir compte de l'environnement, de la mondialisation et des cultures régionales, nationales, supranationales, religieuses, etc.

De toute façon, dans toutes ces épousailles, les salariés n'ont, en principe, pas leur mot à dire : « *Ne vous affolez pas, cela ne changera rien pour vous !* »[1], chantent les DRH sur un air de pipeau.

---

1. Id.

La réforme de l'État
est dans l'escalier
mais pas l'ascenseur social

> *On ne dure en France que dans l'opposition*
> *et le seul moyen d'échapper au changement*
> *c'est de le réclamer tous les jours.*
>
> André Frossard, *Le Figaro*, 20 novembre 1974.

En faisant la critique du rapport Camdessus[1] qui a été remis fin septembre 2004 à Nicolas Sarkozy, alors ministre de l'Économie et des Finances, le journaliste Éric Le Boucher[2] décrit avec pertinence les rouages d'un système bloqué : « *La lenteur des réformes s'explique par l'absence ou la mauvaise qualité du dialogue social, exception française dont il faut se défaire.* » Et tout le monde en prend pour son grade : « *Si, sur le social, la droite manque parfois de sincérité, la gauche manque cruellement de lucidité.* »

Pour décrire les situations de blocage du système économico-politique français et pour lui redonner l'élan nécessaire qui lui fait défaut, le rapport Camdessus, dans son introduction, ne renonce pas à quelques envolées lyriques,

---

1. La Documentation Française, octobre 2004.
2. « Pourquoi enterrer si vite le rapport Camdessus ? », in *le Monde*, 24 octobre 2004.

aux accents gaulliens : « *Une fois de plus, la France peut retrouver un pas alerte sur les grands chemins qui l'attendent en Europe et dans le monde. Elle a un rôle à y jouer. Il lui faut donc, sans plus tergiverser, renouveler sa croissance, accepter de changer autant qu'il le faut pour redevenir capable d'offrir du travail à chacun de ses enfants. Il y va de l'essentiel de sa mission : mettre chaque Français en mesure d'entrer avec confiance et responsabilité dans son propre avenir, avec le soutien des autres et pour soutenir tous les autres.* »

C'est beau, c'est grand, c'est noble, c'est généreux, c'est utopique et bien sûr, complètement irréaliste et surtout irréalisable. Mais, les auteurs de ce fameux rapport ne le savent pas et c'est pour cela, comme le bourdon, qu'ils croient à leurs recettes. Ne dit-on pas : « *Ce n'est pas parce que c'est difficile que nous n'osons pas ; c'est parce que nous n'osons pas que c'est difficile.* » Facile à dire…

Facile à faire ? Michel Camdessus et ses acolytes ont sorti leur grosse boîte à outils et se sont mis au travail. Mais avant d'en examiner les fruits, ils font un état des lieux qui ne tient en rien du constat à l'amiable. Notre pays est un beau pays, riche, innovateur et paradoxal. En gros, pour résumer, la France, qui est en train de décrocher, est un mélange de traits enviables et prometteurs…et d'échecs inacceptables : chômage, inégalité, pauvreté.

Premier avertissement sans frais avant les commandements à payer qui vont suivre : « *Si nous ne changeons rien, ni taux d'emploi, ni rythme du progrès, ni volume d'investissement, la croissance potentielle diminuera compte tenu du vieillissement de la population à l'horizon 2015.* »

Notre début de siècle, qui a tout de même eu l'élégance d'attendre la fin du siècle dernier pour commencer, connaît un triple choc qui nous oblige à réfléchir et peut-être même à infléchir nos us, coutumes, modes et traditions : la rapidité des innovations technologiques, le vieillissement démographique des économies européennes et la poussée inexorable de la mondialisation.

Edgar Morin, que nous n'avons pas fini de citer tant nous l'aimons, ce saint homme, nous avertit : « *Il ne suffit pas de repenser la réforme, encore faut-il réformer la pensée* ». Bien dit. Les auteurs du rapport Camdessus ne sont pas dupes. Ils sont bien conscients que la France est un pays prompt à rêver de révolutions mais peu enclin à changer ses habitudes. Pendant la rédaction de leur pensum, nombre de bien-pensants les ont mis en garde des positions qu'ils pourraient prendre, d'autres leur ont fait remarquer que les étagères des administrations croulaient déjà sous des tonnes de rapports sans suites et sans effets. Pour d'autres enfin, il serait déjà trop tard. Nous nous inscrivons en faux avec toutes ces inepties, surtout la dernière. Nous pensons nous qu'il est trop tôt. Beaucoup trop tôt. Que ce n'est pas l'heure, pas le moment. Que pour reprendre le bon sens populaire : « *Plus ça change, plus c'est la même chose.* »

Mais, les auteurs s'entêtent. Ils affirment avoir des méthodes pour mettre en place des réformes. Feuilletons ensemble cette somme. Voyons de plus près leurs recettes. Les ingrédients sont les suivants :

▸ **Une perspective stratégique à suffisamment long terme**. Seule une vision longue permet à un peuple d'exorciser ses peurs, de passer de velléités idéologiques de progrès et de leadership à de vraies ambitions nationales assumant les sacrifices qu'elles impliquent. Seule aussi cette vision longue pourrait encourager les détenteurs de droits acquis à entrer incidemment dans une négociation de réformes leur garantissant une sécurité comparable dans le cadre de nouveaux dispositifs plus propices au mieux-être collectif.

▶ **Une correction des carences en matière de débat social**. La pauvreté du débat social est un des handicaps les plus évidents dont souffre la France dans la conduite de la réforme.

▶ **Le progrès dans une triple direction**. Celle de la réduction d'une asymétrie d'information entre les acteurs du changement. Celle de la préparation du consensus sur les grands sujets de société et de l'appropriation collective des réformes nécessaires. Celle de la démocratie participative et donc de la démocratie tout simplement.

▶ **Apport de réformes immédiates ou à court terme**, car elles permettent de donner des gages de bonne volonté ou de volonté tout court, un peu comme si « on versait un acompte ».

▶ **Recherche systématique de la circularité positive** entre efficacité économique et progrès social de manière à créer une « spirale ascendante ».

▶ **Association de tous les acteurs de la réforme** avec recours à l'évaluation, à l'expérimentation, à la généralisation du recours à la « clause dite crépusculaire », c'est-à-dire un horizon temporel imposant une révision de la réglementation ou de la législation au terme d'un certain délai comme cela a été pratiqué pour les lois sur la bioéthique.

Ce n'est pas le discours de la méthode. **C'est la méthode !** Il ne reste plus qu'à la mettre en pratique. Et pour cela, il suffit de changer les mentalités étroites, de faire bouger les systèmes de raisonnement rétrécis par des décennies de pratiques immuables, de desserrer les carcans oppresseurs et de faire évoluer les consciences enracinées dans des schémas de pensées monolithiques. Il suffit… Sans blague…

Dieu, que la réforme est jolie !

En toutes choses, sauf simplement aux mauvaises,
la mutation est à craindre.

Montaigne

Autant le dire brutalement pour qu'il n'y ait pas la moindre ambiguïté, inutile de tergiverser, de couper les cheveux en quatre, de tourner autour du pot, de se voiler la face : la réforme en France est impossible[1]. Nous voyons déjà tous les beaux esprits, tous les promoteurs de « Yaka » et de « Faukon » s'élever dans le même élan et avec la même ardeur zélée pour affirmer que nous sommes des Cassandre, des défaitistes, des alarmistes, des pessimistes, des catastrophistes. On se calme. Ce n'est pas nous qui proférons de telles affirmations aussi grossières et mensongères.

Pour preuves : à la remise du rapport Camdessus, que nous avons évoqué plus haut, au cours d'une conférence de presse conjointe entre l'ancien directeur du Fonds Monétaire International, gouverneur honoraire de la Banque de France et l'ancien ministre des Finances qui l'avait commandé, le premier a reconnu que ses propositions *« seraient difficiles à mettre en œuvre »* tandis que le second a répondu sans illusion à la question suivante : Quel sera

---

1. Nicolas Tenzer, France : La réforme impossible ? éd. Flammarion (pourquoi l'auteur a-t-il éprouvé le besoin de mettre un point d'interrogation ?).

l'avenir des mesures proposées ? « *Incontestablement, il y a des conservatismes des deux côtés, entreprises et syndicats, mais parfois, j'ai l'impression que les batailles sont perdues avant même d'avoir été engagées.* » On ne peut pas être plus clair…et plus désabusé. On se demande pourquoi, dans ces conditions et dans ces convictions, le candidat à l'élection présidentielle de 2007, continue à se battre. Pour agiter de l'air, peut-être[1].

Raymond Barre, ancien Premier ministre autoproclamé meilleur économiste de France, en rajoute une petite louche dans le Figaro[2] : « *Les Français s'accommodent et se satisfont aujourd'hui de la médiocrité, soucieux de leurs petits intérêts et dépourvus d'ambition.* »

La lecture de la presse nous régale : « *La temporisation est avec le spasme l'autre grande caractéristique de la France. Tout en sachant que plusieurs réformes sont inéluctables, la nation prend son temps, se voile les yeux et se refuse à sortir de la dictature de l'avantage acquis et à prendre les mesures, même douloureuses, qui la feraient repartir de l'avant.* » Qui a écrit ces lignes acides ? L'éditorialiste de *l'Humanité*, de *Libération*, de *Pif gadget* ? Vous n'y êtes pas du tout. C'est

---

1. Pourtant, dans la lettre qu'il envoie, signée de sa main, à des sympathisants de l'UMP pour réclamer des fonds, Nicolas Sarkozy n'hésite à écrire ces propos galvanisateurs : « *Si vous pensez que l'on ne peut rien changer dans ce pays, il est inutile de lire cette lettre. Mais si, comme je le pense, <u>vous croyez que l'on peut faire bouger les choses</u>, alors je vous remercie de prendre quelques minutes pour me lire…* »
2. 14 décembre 2004.

tout simplement Michel Schifres dans *le Figaro*[1], qui n'est pas là dans son tropisme habituel.

Nous osons l'affirmer. En France, la réforme est impossible : Le 29 avril 1945, les femmes votaient pour la première fois en France, aux élections cantonales. Quelques mois plus tard, aux législatives, 5,7 % des députés élus étaient des femmes. En 1993, soit presque cinquante ans plus tard, immense progrès, le pourcentage des femmes députées était passé à 6,1 %... Les femmes politiques, toutes tendances confondues, se sont battues pour la parité aux élections. En 2002, la loi est votée et la présence des femmes à l'assemblée dépasse enfin les 10 %. Ah, nous voilà rassurés. Nous avions peur que rien ne change.

Et pourquoi pas 50 %? Eh bien, le saviez-vous, les partis les plus importants préfèrent payer l'amende plutôt que de respecter la loi. Ainsi, la subvention publique de l'UMP est réduite de 4 millions € pour n'avoir que 20 % de femmes sur ses listes, et la subvention du PS est amputée d'1 million €. Les évictions brutales de femmes candidates quand une circonscription se révèle finalement prenable sont particulièrement instructives.

Pourquoi la réforme est-elle impossible ? La réponse n'est bien sûr pas unique. Elle est polymorphe. Les causes de cette chimère sont historiques, structurelles et aussi irrationnelles. Historiques parce que, non seulement la nuit du 4 août 1789 n'a pas réussi à abolir tous les privilèges dans

---

1. 17 janvier 2005. Michel Schifres est vice-président du comité éditorial du *Figaro*.

toutes les strates de la population mais elle en a créé de nouveaux : structurelles parce que notre pseudo social-démocratie mâtinée de libéralisme, engendrant de telles inégalités fiscales et sociales, teintée de discrimination intolérable, fait barrage à tout changement de politique qui bouleverserait des équilibres acquis de hautes luttes ; et, enfin, irrationnelles parce que toute réforme est anxiogène par nature. La peur de l'inconnu et l'incertitude du lendemain déclenchent des attitudes de repli rassurantes, aux antipodes des démarches progressistes et aventureuses.

La mascarade
du rapport administratif

> *On court le risque du dégoût*
> *quand on voit comment se préparent*
> *l'administration, la justice et la cuisine.*

> Chamfort

La dernière réforme effective date de 1990. Nous savons que nous n'allons pas faire plaisir à tout le monde mais c'est celle mise en place par Michel Rocard concernant la Contribution Sociale Généralisée. Depuis, combien de réformes ont échoué ou ont subi une IVR, interruption volontaire de réforme. Sinon, il a bien dû y avoir quelques réformettes ou quelques réformes si marginales que ça ne vaut même pas le coup qu'on s'y arrête un instant.

En France, quand on veut enterrer une idée, on crée une commission. Quand on veut expédier *ad patres* une réforme, on commande un rapport administratif. En 2000, Nicolas Tenzer et Bernard Cieutat, deux hauts fonction-naires[1], publient un rapport[2] qui met en avant l'enjeu que représenterait le départ à la retraite, en quinze ans, de la

---

1. Paul Masson : « *Les hauts fonctionnaires sont comme les livres de bibliothèques ; plus ils sont hauts placés, moins on s'en sert.* »
2. B. Cieutat, N. Tenzer, *Fonctions publiques : enjeux et stratégie pour le renouvellement*, La Documentation française, 2000.

moitié des effectifs et qui met en garde le gouvernement d'un renouvellement à l'identique[1]. Dans les sphères du pouvoir, tout le monde a trouvé l'analyse fine et pertinente… et s'est empressé surtout de ne rien faire : ni augmentation, ni réduction. Il faut dire qu'on était en pleine période électorale.

Mais, de quelle réforme parle-t-on ? On a tendance à opposer réformisme et conservatisme. Ce dernier ne serait-il pas tout simplement le mauvais réformisme de l'autre. Ou alors, le conservatisme serait une disposition naturelle à se satisfaire de l'état des choses. Les personnes atteintes par cette affection redoutent d'y toucher et considèrent que les maux les plus graves sont toujours moins terribles que ceux qu'entraîne un changement. Comme disaient les Shadocks, qui étaient des sages : « *Il vaut mieux pomper même s'il ne se passe rien que risquer qu'il se passe quelque chose de pis en ne pompant pas.* ».

On peut aussi avoir des velléités réformistes aussi bien pour acquérir de nouveaux avantages que pour défendre des prés carrés et conserver des acquis. Allez-y comprendre quelque chose ! Conservatisme, réformisme, c'est tout et son contraire. Ce que les uns veulent conserver et changer, c'est exactement ce que les autres veulent préserver ou modifier. L'exemple de la modification de la loi Aubry sur les 35 heures en est une illustration encore dans toutes les têtes. On peut vouloir réformer le droit du travail pour des raisons strictement inverses.

---

1. On ne vous en dira pas plus ; vous n'avez qu'à le lire…

De la même manière qu'il était légitime de se demander de quelle réforme on faisait allusion et de montrer, au travers de quelques définitions, tous les paradoxes induits, il est nécessaire de savoir qui réclame la réforme. La position du réformateur n'est pas innocente. Les grands corps de l'État qui n'ont pas intérêt à ce que les choses changent sous peine de perdre les prérogatives inhérentes à leur fonction. Et puis, il faudrait une impulsion politique. Nous savons que là, c'est un peu trop demander.

Dans *France : La réforme impossible ?* Nicolas Tenzer pose quelques questions pertinentes. Notamment celle-ci : la réforme procède-t-elle d'une contrainte ou d'une opportunité ? Ainsi va la démocratie écrit-il : « *Le citoyen veut être libre de ses choix, même lorsqu'ils sont obligatoires.* »

Dans un de ses éditos rageurs[1] qui est sa marque de fabrique, Jacques Julliard donne son analyse sur la situation bloquée et explique ainsi l'impossibilité de réformer au pays des trois cents fromages et des 61 millions de sujets... sans parler bien sûr des sujets de mécontentement : « *Qu'il s'agisse des systèmes de prévoyance (sécurité sociale, retraites), des services publics (transports, énergie) ou des grandes institutions démocratiques (enseignement, justice, fiscalité), tout projet de réforme se heurte à des majorités de veto regroupant syndicats, usagers, partis tribuniciens, intelligentsia. Les acteurs sociaux devraient avoir honte de ce théâtre d'ombre dont ils constituent la troupe permanente. Un tel manque de sérieux et de courage est pour beaucoup dans le discrédit dont souffre aujourd'hui la démocratie.* »

---

1. *Le Nouvel Observateur*, 6-12 janvier 2005.

La pantalonnade
des rapports d'audit d'entreprise

Qui vous fait des rapports de la conduite des autres,
fait de même aux autres des rapports de votre conduite.

Proverbe oriental

Quand on parle de rapports d'audit dans une entreprise, plusieurs aspects sont à prendre en considération. Le premier est sa finalité, c'est-à-dire l'objet de l'audit. Le deuxième est la façon dont est conduit cet audit. Le troisième porte sur la fiabilité des résultats. De ces trois éléments vont découler différentes catégories d'audit.

Nous nous contenterons de porter un regard sur les audits appelés d'organisation auxquels ont recours les entreprises quand elles constatent que les changements désirés ne se font pas, peinent à se faire ou encore quand des blocages et des résistances apparaissent.

Ces audits d'organisation sont censés repérer ce qui fonctionne et ce qui ne fonctionne pas. Enfin, surtout ce qui ne fonctionne pas. En général, c'est au moment où ça chauffe qu'on se décide à passer par la voie de l'audit. Quand on l'entreprend, tout le monde dans l'entreprise sait déjà et depuis fort longtemps que ça va mal. Que c'est trop tard. Toute l'entreprise le sait, le dit, mais peu importe, la direction décide de passer outre et de prendre un consultant extérieur. Une telle décision montre assez qu'on a évalué l'ampleur du problème à sa juste mesure. Et puis, un consultant extérieur, ça vous pose et ça vous en impose. C'est même à cette fonction d'esbroufe que sert un consultant. Ça a plus de poids.

Nous pouvons lister les différentes formes d'audit d'organisation selon un ordre de panique :

▶ Ça va très mal :

Il faut faire porter les responsabilités sur les bonnes personnes, on *briefe* l'auditeur pour qu'il puisse bien mettre en évidence les points que l'on souhaite faire apparaître, les dysfonctionnements et surtout les services concernés. C'est commode et en général très propre. C'est le **rapport d'audit dit de la chasse au coupable**.

▶ Vite, prenons un expert, il va nous montrer où il faut couper, où il faut pratiquer la saignée. Il faut faire vite, c'est urgent, le malade est en grand danger, il peut mourir d'une minute à l'autre : c'est le **rapport d'audit de la dernière chance**.

▶ Autre situation. Le dirigeant, nouvel arrivant, décide de faire un inventaire poussé, un état des lieux avant de prendre ses fonctions. C'est la méthode la plus répandue lorsqu'il y a changement de gouvernant. C'est le **rapport d'audit dit de l'héritage**.

▶ Ça va assez mal, mais le cas n'est pas désespéré :

Le manager éprouve quelques difficultés à se faire entendre. Il lui faut un porte-voix, un amplificateur. C'est le **rapport d'audit dit « de la voix de son maître »**.

▶ Le manager possède toutes les réponses mais stratégiquement, il souhaite les faire émerger par l'expert. C'est le **rapport d'audit alibi.**

▶ Le manager a besoin de faire un point. Il entend trop de sons de cloches, tout est confus. Il est temps de faire un point. C'est le **rapport d'audit boussole.**

▶ Ça va bien :

On ne parle plus alors de rapport d'audit, cela devient un baromètre social. Très utile lorsque c'est bien fait, parce que l'on n'opère plus dans la douleur. Il évitera ainsi toutes les formes d'audits vus précédemment.

On allait presque oublier le mammouth

*L'éducation coûte cher
mais il en va de même pour l'ignorance.*

Claus Moser

Les réformes passent, le mammouth barrit…Quelques chiffres pour comprendre le poids du pachyderme à cornaquer. L'Éducation nationale[1], c'est environ 1 million de fonctionnaires dont 900 000 enseignants, 14 millions d'élèves et d'étudiants et un budget colossal de 65 milliards €. 172 ministres se sont succédé. Leur portrait est affiché ; ils ont bien mérité de la patrie qui ne leur est pas très reconnaissante puisqu'elle en fait un usage immodéré. Elle se plaît à les renvoyer à leurs chères études même quand ils ne sont pas tout à fait usés par leur fonction harassante.

Le mastodonte porte dans ses flancs certainement le plus gros bataillon depuis que l'armée rouge n'existe plus. Encore quelques chiffres et l'on passe aux lettres : 25 000 à 30 000 professeurs recrutés par an. 50 personnes travaillent au ministère en permanence pour organiser 350 concours ;

---

1. L'Éduc'Nat' pour les initiés.

11 000 membres de jurys sont mobilisés ; 300 000 copies sont corrigées. Le gigantisme explique l'inertie… à moins que ça ne soit le contraire.

Est-ce à cause de cette masse malaisée, voire impossible, à mouvoir que le simple terme de réforme est tabou ? Avec ou sans concertation, les réformes ont du mal à passer. Un peu comme un aliment difficile à digérer. Les réformes ont une fâcheuse tendance à rester sur l'estomac. En tout cas, on ne peut pas leur dénier une incontestable réussite. Elles font bouger… du monde. La réforme Savary, en 1984, fait descendre plus d'un million de personnes dans les rues pour défendre l'école libre. Au début de l'année 2005, la réforme Fillon met en branle pas moins de 300 000 arpenteurs de pavés seulement dans la capitale.

En une vingtaine d'années, réformes et réformettes se succèdent dans la souffrance ou dans un tohu-bohu digne d'une cour d'école. Certaines passent au régime Jivaros, ces célèbres réducteurs de têtes, comme ce fut le cas en 1989 pour la loi d'orientation conçue par Lionel Jospin. Plusieurs dispositifs de cette loi furent tout simplement rejetés quand les autres, adoptés, furent progressivement vidés de leur sens.

Après Lionel Jospin, François Bayrou s'est cru obligé de rendre à son tour sa copie : Un nouveau contrat pour l'école. 158 propositions-rustines qui ne tiendront pas la distance. Aucune ne fut financée. Son successeur, Claude Allègre, ne manquait pas de bonnes idées. Il voulait tout simplement remettre les enseignants au travail et éviter des gaspillages flagrants. Mais sa délicatesse en matière de communication et sa capacité à ranger le service en porcelaine ont fait merveille. Exit Allègre. Le premier qui dit la vérité doit être exécuté. Ce bousculeur d'idées reçues a manqué de déstabiliser la gauche au pouvoir. En tout cas, sa maladresse, sa lourdeur, son manque de diplomatie et son inélégance ont certainement contribué à l'absence de Jospin au deuxième tour des présidentielles.

On ne pouvait pas reprocher à Luc Ferry de ne pas connaître l'Éducation nationale lui qui, pendant de nombreuses années, a présidé au choix des programmes dans l'enseignement secondaire. Mais, que voulez-vous, ce philosophe portait les cheveux un peu longs et affichait des cravates un peu trop voyantes. Quand on n'est pas du sérail et que l'on arrive de la société civile, que l'on se mêle de vouloir faire bouger les choses, il est normal que l'on soit transformé en victime expiatoire. L'ancien ministre explique très bien toute cette incompréhension dont il a été l'objet dans son livre de dépit, qu'il a écrit après son éviction musclée du gouvernement[1].

En retirant la modification du bac de la discussion parlementaire et en essayant de faire passer sa réforme en urgence, faisant fi des protestations lycéennes, François Fillon espérait circonvenir la contestation. Caramba, encore raté !

---

1. Luc Ferry, *Comment peut-on être ministre ?* éd. Plon, 2004.

La réforme sera pour demain, après-demain ou jamais. C'est trop tard. Avec l'Éducation nationale, on ne peut plus rien faire… sauf à imaginer des connexions intelligentes et surtout utiles avec le monde de l'entreprise.

L'entreprise a tant de besoins en matière d'éducation – bien au-delà de la formation – qu'elle est vouée à compenser et à développer par elle-même les savoirs manquants, ces savoir-être qui lui font cruellement défaut pour s'adapter et changer… Si on commence maintenant à semer quelques graines, nos arrière-petits-enfants pourront peut-être en cueillir les fruits…

TEST-JEU

Aimez-vous vraiment le changement ?

1. Vous êtes chef des ventes. Vous vous déplacez beaucoup pour votre travail. La direction de l'entreprise vous propose de changer votre 206 de fonction pour une 407 flambant neuve.

A *Sans vous douter qu'une telle offre cache bien évidemment une contrepartie, vous acceptez en remerciant chaleureusement le généreux donateur.*

B *Vous refusez l'offre en prétendant que vous avez toujours détesté la couleur prune et que vous ne supportez pas les sièges en cuir parce que ça colle en été et c'est froid en hiver.*

C *Vous demandez un délai de réflexion de huit jours. Non pas à cause de votre sens irréprochable de l'éthique mais parce que vous vous vous doutez bien qu'une telle proposition cache obligatoirement quelque chose de louche. D'autant qu'elle marche encore très bien la 206.*

2. Il est fortement question de changer l'antique système informatique de gestion qui fonctionne encore bien mais qui « rame » un peu contre un nouveau système d'information de type SAP, ultra perfectionné mais plus compliqué (on n'a rien sans rien...).

   A *Vous dites (enthousiaste) : « C'est super ! Est-ce que le nouveau SI est compatible avec ma Playstation ?*

   B *Vous dites (désabusé): « Tu sais, moi, l'informatique, ce que j'en pense... ».*

   C *Vous dites (réaliste) : « Est-ce que c'est vraiment le bon moment de faire des frais ? »*

3. La DRH vous accorde une promotion. Vous êtes chef des ventes en région parisienne. Elle vous offre le titre et la fonction de directeur de la Distribution. Juste en Rhône-Alpes, pour le moment.

   A *Vous acceptez tout en sachant que vous devrez travailler deux fois plus et qu'il y a de fortes présomptions que vous profitiez assez peu de la maison que vous louerez dans la banlieue de Lyon.*

   B *Vous refusez le poste en prétextant que c'est trop tôt, que vous risquez de ne pas être à la hauteur de la situation, que d'autres plus anciens dans la boîte sont plus dignes que vous de décrocher ce bâton de maréchal. Tout cela en pensant aux bouleversements induits : le changement d'école pour les enfants, la recherche d'un nouveau logement, le déménagement, etc.*

   C *Votre première réaction est de demander un délai de réflexion. « Faut que j'en parle à ma femme. » Est-ce que cette « promo » mérite bien tout ce chamboulement ?*

4. La direction de votre entreprise vous propose un bureau beaucoup plus vaste mais dans l'immeuble annexe qui se trouve à 500 mètres du siège.

   A *Vous vous empressez d'accepter en vous disant qu'on vous laissera une paix royale et les coudées franches.*

   B *Vous vous offusquez qu'on ait pu juste penser une chose pareille et vous criez qu'on cherche tout simplement à vous écarter des centres de décision.*

   C *Vous réclamez une semaine de délai pour peser le pour et le contre.*

5. Cela fait plusieurs semaines qu'on essaie de caser Armand qui a une réputation de « bras cassé ». Finalement, en faisant jouer un piston extérieur, il atterrit dans votre service.

   A *Vous l'accueillez avec gentillesse en vous disant qu'il faut bien gérer les « bras cassés ».*

   B *Vous refusez catégoriquement en alléguant que votre effectif est déjà pléthorique en cette période de vaches maigres.*

   C *Vous acceptez… mais pas avant six mois.*

6. En louant vos qualités de manager, la DRH vous demande de descendre au Puy-en-Velay pour aller remplacer au pied levé le directeur de l'usine, Roland Martineau, qui vient de craquer et qui est en cure de sommeil, mais soyez gentil, ne le répétez pas…

   A *Vous acceptez à contre-cœur à condition que cette situation ne dure pas plus d'un mois et que vous puissiez rentrer at home tous les week-ends.*

B Vous refusez à contre-cœur en disant que votre femme traverse une crise en ce moment et que vous ne pouvez pas vous absenter. Vous proposez, assez perfidement, d'envoyer Serge Malebranche, qui fera merveilleusement l'affaire.

C Vous dites que vous allez réfléchir en espérant que le temps de la réflexion permettra à la DRH de trouver une solution de remplacement.

Résultats du test-jeu à la fin du livre en page 261.

Les rétrofreins au changement

Check-list des points de blocage au décollage

> Les hommes n'acceptent le changement
> que dans la nécessité
> et ils ne voient la nécessité que dans la crise.
>
> Jean Monnet, *Les hommes et le changement.*

Avez-vous les réponses, parce que nous, nous avons les questions

Le temps perdu ne se rattrape jamais…
alors continuons de ne rien faire.

Jules Renard

Vous aimez le changement, vous ? Bah… Nous non plus. Vous avez envie de changer ? Pas spécialement. Nous non plus. Le changement, ça bouscule vos habitudes, ça remet en cause vos idées, des idées que vous avez mis des années et des années à poser, ça introduit insidieusement des doutes dans votre monde de certitudes, ça se mêle de choses qui ne le regarde pas, ça voudrait vous faire sortir d'un cocon bien douillet où vous êtes bien au chaud. Le changement, dis, tu nous lâches deux minutes, on est bien comme on est.

Et puis, franchement, qu'est-ce qu'on y gagne ? Qu'est-ce que ce fameux changement peut-il bien nous apporter ? Nous vous le disons tout net : que des ennuis, des soucis et des emmerdements. Pas la moindre satisfaction tangible. Maintenant, c'est à vous de choisir : ou c'est le grand plongeon dans l'inconnu, dans l'aventure intrépide, dans la péripétie hasardeuse, dans l'équipée sans billet de retour ou c'est la conservation (rien à voir avec le conservatisme) de vos repères, de vos valeurs, de votre univers familier. Vous avez les cartes en main, mais bon, il va falloir prendre une décision…

Mais justement, pour se décider, il s'agit de prendre en compte tous les arguments. Le temps de l'écoute n'est jamais fini ; il faudrait entendre toutes les objections, faire le tour de tous les problèmes. Et ça, ce n'est pas possible.

Et puis, le jeu en vaut-il la chandelle ?

Et comment faire quand les muets veulent faire entendre raison aux sourds ?

Et pourquoi changer quand tout roule ?

On a toujours fait comme ça, pourquoi ferait-on autrement ?

Et puis, vous croyez vraiment que c'est le bon moment ?

De toute façon, ça ne marchera jamais…

Toutes ces questions pour un changement aléatoire qui n'apportera rien ou, en tout cas, rien de bon. Est-ce que ça vaut seulement le coup de se poser des questions ? Il ne faut pas s'étonner qu'il y ait tant de résistances, tant de freins qui s'actionnent. Et pourquoi l'avion est-il toujours collé au sol ? Pourquoi n'a-t-il pas encore décollé ? Aurait-on oublié de retirer les cales sous les roues du train d'atterrissage ? C'est un scandale tous ces empêcheurs de voler en rond…

Les collabos...
de la résistance au changement

Quand les hommes ne peuvent changer les choses,
ils changent les mots.

Jean Jaurès

Sur les résistances au changement, ne croyez surtout pas que nous soyons les seuls à tenir un tel discours. Erhard Friedberg[1] l'affirme sans ambage : « *Le changement est toujours impossible dans les organisations, grandes et moins grandes, et il y a toujours mille bonnes raisons pour ne pas changer, pour ne pas déstabiliser les piliers du fonctionnement actuel* ». Jean Monnet, le père de l'Europe et du traité de Rome, ne se faisait guère d'illusions sur la propension des hommes à laisser les choses en l'état : « *La résistance des hommes et des choses est à la mesure de l'ampleur du changement qu'on cherche à apporter* ».

Michel Crozier[2] nous a avertis en son temps : « *On ne change pas une société par décret* » et il ajoute avec son co-auteur[3] : « *La résistance au changement est l'expression rai-*

---

1. Erhard Friedberg, *Le pouvoir et la règle*, éd. du Seuil, 1993.
2. Michel Crozier, *On ne change pas une société par décret*, éd. Grasset, 1979.
3. Michel Crozier, Erhard Friedberg, *L'acteur et le système*, éd. du Seuil, 1977.

sonnable et légitime des risques qui comporte le changement pour les acteurs». Ludwig Hohl s'interroge : *« Les changements servent-ils à quelque chose ? À rien, si ce n'est à conserver l'immuable ».* François Dupuy[1], ne dit pas autre chose mais avec encore plus de réalisme : *« En matière de changement, le mieux est l'ennemi du bien et le perfectionnisme tatillon est un puissant facteur d'immobilisme ».*

Mais, il n'y a pas que le mieux et le perfectionnisme qui sont des facteurs d'immobilisme. Puisque nous avons décidé de nous faire les chantres de cet immobilisme, nous allons tenter de passer en revue les différentes raisons qui poussent dirigeants, salariés et acteurs des organisations à ne pas bouger, sauf dans l'urgence ou dans la nécessité absolue. Les causes de blocage ne sont pas structurelles la plupart du temps, elles sont humaines, forcément humaines.

La mise en place d'une organisation nouvelle constitue pour tous ceux qui sont concernés un bouleversement majeur. Ce n'est pas une évolution, ni une adaptation, c'est le plus souvent un chamboulement total.

Le lendemain de ce chambardement, plus personne ne fera la même chose, avec d'autres collègues, avec d'autres méthodes, d'autres outils, et parfois avec de nouveaux chefs, de nouveaux clients et dans d'autres lieux. Il serait illusoire de croire que le changement peut être conduit en transmettant simplement des instructions aux opérationnels. Le changement improvisé a toutes les raisons

---

1. François Dupuy, *La sociologie du changement*, éd. Dunod, 2004.

d'échouer car il est ressenti par les individus en fonction de leurs désirs et de leurs espoirs.

Il existe deux types fondamentaux de changement auquel nous pouvons être confrontés :

◗ celui qui correspond à notre souhait (ne rêvons pas, il n'existe pratiquement jamais) ;

◗ celui qui n'y correspond pas.

Nous n'aborderons pas ici les changements de direction, de cap et de pneu. C'est déjà suffisamment compliqué comme ça.

Examinons ensemble le cycle du changement qui correspond à mes aspirations. Dans ce premier cas, le changement est vécu comme un événement, une chance, une récompense ou une opportunité.

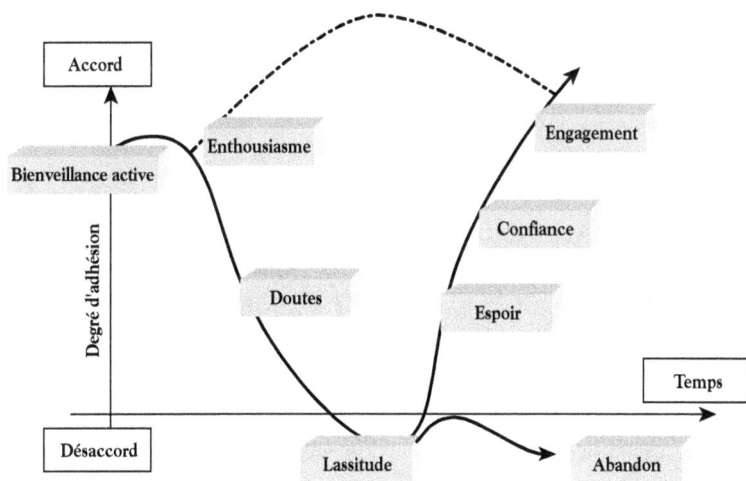

Dans toute la phase précédant le changement, c'est-à-dire celle où il est annoncé, commenté, et dans laquelle la nouvelle configuration se dessine vaguement à l'horizon, l'attente est anxieuse, fébrile mais plutôt bienveillante et positive. *Faut voir. On jugera aux actes. Pas de procès d'intention.*

Cette phase se déroule dans un monde virtuel où l'individu se projette dans le futur. Il rêve sa situation de demain et comme ce changement correspond à ses aspirations tout est beau ou, au pire, tous les problèmes se résolvent facilement. La mise en place de la nouvelle organisation marque le passage du virtuel au réel.

La réalité s'impose, les problèmes non prévus surgissent, la réalité est toujours moins rose que le rêve. Les doutes apparaissent. La lassitude suit. *Faut pas rêver.*

Voyons maintenant le second cas : le cycle du changement ne correspond pas à mes aspirations.

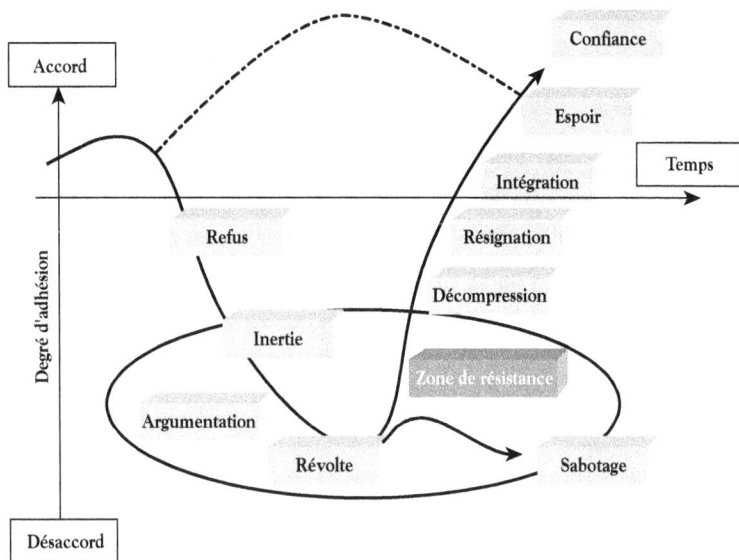

Le second type de changement est celui qui est imposé, proposé, annoncé alors même qu'il n'est ni attendu, ni souhaité, ni voulu. C'est le cas général. C'est normal que ça ne fonctionne pas.

Tout changement remet en question les individus, leurs compétences, leurs rôles et leurs valeurs. Cette rupture, reçue comme une menace, provoque l'apparition de forces contraires au changement. Ce sont ces fameuses résistances au changement qu'on appelle également des freins.

La résistance au changement est une réaction normale, légitime d'un système qui tente de se maintenir à tout prix. Dans ses propos sur le changement, Jean Monnet l'a bien compris : « *Elle est même le signe le plus sûr qu'on est sur la voie du changement* ». Voie dégagée ou voie de garage ?

Dans son dernier ouvrage, Gérard-Dominique Carton[1] définit ainsi la résistance au changement : « *Phase indissociable de tout processus de changement indésirable. Elle est non seulement naturelle mais aussi utile, permettant notamment de filtrer le changement et de le rendre objectif.* » Selon cet auteur, et de nombreux autres qui se sont penchés sur cette épineuse question, la résistance fait partie, en deuxième position, des cinq étapes du changement avec le refus de comprendre, la décompensation, la résignation et l'intégration. Il ajoute un peu plus loin : « *En règle générale, lorsqu'un changement est demandé ou proposé, tout comportement qui vise à y faire échec dans la réalité, par*

---

1. Gérard-Dominique Carton, *Éloge du changement*, éd. Village Mondial, 2004.

exemple le refus d'abandonner des habitudes inappropriées au nouveau contexte, est l'expression de la résistance par inertie. »

Tout changement est déchirement et souffrance. Aucune raison de se résigner à la douleur. Il y a du mal à se faire du mal, même si on sait depuis la sortie du délectable best-seller de Paul Watzlawick[1] que chacun prend un malin plaisir à faire soi-même son malheur.

Vous l'avez compris, pour la plupart des gens, le changement n'est ni souhaitable, ni souhaité. Il constitue une rupture inacceptable et une intrusion intolérable. Il brise l'équilibre, rompt l'harmonie et ébranle la stabilité. *Vade rétrofreins satanas.*

---

1. Paul Watzlawick, *Faites vous-même votre malheur*, éd. du Seuil.

Le profil de ceux
qui s'attaquent de front

Chaque homme a trois caractères :
celui qu'il a, celui qu'il montre et celui qu'il croit avoir.

Alphonse Karr

Le querelleur

Comment le repérer et l'identifier ?

C'est une grande gueule. Contremaître, agent de maîtrise ou délégué du personnel, il a un poste de responsabilité dans l'entreprise et détient quelque pouvoir. Il se sent investi d'une mission. Il cherche à provoquer, épie toute faille chez les autres. Il refuse toute nouveauté.

Comment la Direction va essayer de le contrer ?

Elle va le faire intervenir au bon moment pour canaliser les débats.

L'omniscient

Comment le repérer et l'identifier ?

C'est un procédurier. Doté d'une bonne culture générale, notamment en matière de législation sociale, il n'a aucune conscience de ses limites ; il intervient et critique sans cesse. Il va mettre en œuvre tous les moyens à sa disposition pour enrayer le mécanisme d'un quelconque changement.

Comment la Direction va essayer de le contrer ?

Elle va faire mine d'accepter ses arguments constructifs et va opposer les autres à l'avis des participants.

Le bavard

Comment le repérer et l'identifier ?

Il ne connaît pas la sentence de Confucius « *Celui qui sait ne parle pas et celui qui parle ne sait pas* », ni celle de Molière « *Un sot qui ne dit rien ne se distingue pas d'un savant qui se tait* ». Il renchérit volontiers sur les propos précédents, mobilise longtemps la parole sans apport particulier. Non seulement il ne fait pas avancer les choses mais il les paralyse à souhait.

Comment la Direction va essayer de le contrer ?

Elle saura l'interrompre avec tact, limiter ses explications ou l'inciter à amener d'autres arguments.

Le timide

Comment le repérer et l'identifier ?

Il marche les pieds en dedans, a les mains moites et la poignée molle, a tendance à rougir dès qu'on s'adresse à lui, possède l'œil torve. Il manque de confiance, reste indécis et sur la réserve. L'âne de Buridan est sa mascotte. Incontrôlable, il peut parfois réagir soudainement

Comment la Direction va essayer de le contrer ?

Elle va composer. Surtout ne pas le provoquer. Lui poser des questions simples et louer le plus souvent possible ses interventions.

Le taciturne

Comment le repérer et l'identifier ?

À ne pas confondre avec le timide. Il est sombre par nature, ténébreux par choix, dépressif par coquetterie. Il suit avec attention la discussion, mais introverti, n'y prend part que sur invitation, sollicitation ou demande expresse. Son manque de dynamisme ne suscite pas l'enthousiasme. Le moteur du changement est ailleurs.

Comment la Direction va essayer de le contrer ?

En repérant ses signes de communication non verbale comme le croisement des bras ou des jambes, les signes d'agacement, les éloignements de la table ou les balancements de chaise, elle va lui demander son avis.

L'immuable

Comment le repérer et l'identifier ?

Il a toujours agi ainsi alors il ne faut pas lui en raconter. Il a la peau dure et joue les désintéressés et même parfois l'intérêt collectif. Sa phrase fétiche : « À *moi, on ne me la fait pas !* »

Comment la Direction va essayer de le contrer ?

Elle va faire mine de s'intéresser à ses réalisations et lui demander ce qu'il pense pouvoir apporter à la collectivité.

Le sublime

Comment le repérer et l'identifier ?

Il se place délibérément au-dessus du lot et au-dessus de tout et fait valoir son rôle éminent même sans contribution notoire. Sans lui, pas de changement possible. Avec lui non plus, d'ailleurs.

Comment la direction va essayer de le contrer ?

En lui posant des questions concrètes, elle va chercher à l'amener à des réponses claires, sans la moindre ambiguïté comme il en a l'habitude un peu fatigante.

Le rusé

Comment le repérer et l'identifier ?

Le roi de l'embrouille. Il traque les impasses, pose des questions complexes, cultive le paradoxe, abuse de l'euphémisme, ne dédaigne pas l'oxymore et ne déteste pas pousser aux réactions affectives. Pendant ce temps-là, rien ne bouge.

Comment la direction va essayer de le contrer ?

Elle va le pousser dans ses derniers retranchements et le presser de soumettre ses avis au débat ; elle lui demandera surtout de formuler plus précisément ses questions, ce qui, la plupart du temps, il sera incapable de faire.

Si ces cas sont désespérants, sont-ils pour autant désespérés ? Faut-il se jeter par la fenêtre si 80 % des effectifs de votre entreprise sont constitués de ce type de profil ? NON. Ces personnels réfractaires au changement ne simplifient pas la vie de l'entreprise, mais rien n'est immuable. Pour les embarquer dans l'avion-entreprise, le pilote devra faire montre de doigté, de diplomatie et d'obstination.

Le dirigeant décide...
de ne rien décider

Le seul mauvais choix
est l'absence de choix.

Amélie Nothomb, *La métaphysique des tubes.*

Dans certaines entreprises, plutôt les entreprises publiques d'ailleurs, à peine la direction a-t-elle eu des velléités de mettre en place des modifications des structures que des oppositions syndicales et corporatistes s'élèvent afin que le moindre changement ne puisse s'accomplir.

Pourtant, il arrive parfois que, après des discussions à n'en plus finir, des heures et des heures de négociations et des centaines de réunions de concertation et de médiation, tout le monde, direction et personnel, tombe d'accord pour apporter les modifications nécessaires au bon fonctionnement de l'entreprise. Dans ces cas-là, extrêmement rares, il faut bien le reconnaître, c'est souvent le moment qui est choisi pour décapiter l'exécutif. Pour changer de dirigeant. Soit il est relevé de ses fonctions, soit il est remercié avec toute l'hypocrisie habituelle qui permet d'énoncer ses mérites éminents, soit il est appelé à de plus hautes fonctions. En tout cas, il s'en va. Et le nouveau maître des lieux, pour imprimer sa marque, pour asseoir son autorité, et pouvoir dire « *Mais qui est-ce qui commande ici ?* » va s'empresser de tout annuler et de tout reprendre à zéro.

Vous pensez certainement que nous caricaturons, que nous donnons dans le mauvais esprit ou dans la calomnie gratuite, que ce genre de choses n'arrive jamais. Et pourtant, c'est exactement ce qui s'est passé à France Télécom quand Michel Bon a été remplacé par Thierry Breton. Quand Jean-Paul Bailly, en partance pour La Poste, a laissé sa place à la RATP à Anne-Marie Idrac. Jean-Martin Folz agit exactement de la même façon quand Jacques Calvet – poussé dehors par la famille Peugeot –, pas exactement le profil du réformateur progressiste, lui confie le volant de PSA-Citroën. Il n'y a que Martin Bouygues pour régler ses pas sur ceux de son père Francis et mettre environ vingt ans pour s'affranchir et s'émanciper.

C'est pire quand le dirigeant d'une entreprise publique ou privée sait pertinemment que son passage n'est que temporaire puisque cet intermède fait partie soit d'un arrangement politique soit d'une stratégie de carrière mûrement planifiée. Comment, dans ces conditions, mettre en place la plus petite réforme et prendre la moindre décision, même si un plan de campagne a été longuement établi. Clairvoyance, prudence ou lâcheté. Cette absence de prise de décision, manœuvre d'évitement ou de surprotection, se nomme outre-Atlantique, de façon assez imagée, le CYA syndrom (Cover Your Ass syndrom)[1].

---

1. Le premier à avoir isolé ce concept scientifique semble être un sociologue de la décision américain, Graham T. Allison, dans son livre *Essence of decision : Explaining the cuban missile crisis*, Boston, Little Brown, 1971.

Entre 1998 et 2002, un tiers des PDG américains des plus grandes entreprises cotées ont changé. Leur mandat n'excède pas quatre ou cinq ans en moyenne. D'où la tendance de se focaliser sur le court terme et de prendre des décisions au même horizon[1]. Concernant les décisions, il est bon de relativiser. L'Américain Herbert A. Simon, prix Nobel d'économie 1978, a montré dans ses travaux scientifiques de haute tenue que les managers ne prennent ni bonnes ni mauvaises décisions mais des décisions moyennes ; l'important étant qu'ils en prennent. D'ailleurs, en réalité, ne nous leurrons pas, ils ne prennent aucune décision, c'est le fauteuil sur lequel ils sont assis, siège parfois éjectable au demeurant, qui les prend à leur place...

Dans les ministères français, le bon fonctionnement de la démocratie et de l'alternance favorise l'inertie. En deux ans, sous le gouvernement Raffarin, quatre ministres de l'Économie et des Finances se sont succédé. La réforme de l'administration fiscale est toujours au point mort. Au ministère de l'Éducation nationale, les ministres passent et les réformes trépassent. Le bateau *France* est décidément ingouvernable. Le poids de la nostalgie et de sa grandeur passée l'écrase.

---

1. Propos de Marilyn Carlson, présidente de Carlson Wagon-lits, qui se félicite que son groupe ne soit pas coté en Bourse ; citée dans l'article « La solitude du décideur », Pascale-Marie Deschamps, *Enjeux-Les Échos*, mai 2004.

Le temps de l'écoute
n'est jamais fini

*La communication consiste
à comprendre celui qui écoute.*

Jean Abraham

Le manager nouveau est arrivé. Après des décennies de surdité chronique, désormais le manager écoute. Tout. Même parfois ce qu'il ne devrait pas entendre. Mais, écouter c'est accepter d'entendre. On se demande même quand il trouve le temps de faire son travail de manager, c'est-à-dire diriger, animer, motiver ses collaborateurs, mobiliser ses troupes, fidéliser ses meilleurs éléments, montrer l'exemple. À se demander même si l'obligation nouvelle de concertation, de médiation, voire de pacification, ne paralyse pas son sens inné du discernement et n'inhibe pas son sens acquis de l'appréciation. L'action est-elle toujours au bout de la réflexion ? Rien n'est moins sûr !

Écouter les revendications, les récriminations, les requêtes, les demandes légitimes et injustifiées, les réclamations. Écouter les râleurs, les emmerdeurs, les contestataires, les opposants, les protestataires, les contradicteurs, les frondeurs, ceux qui ont quelque chose à dire et ceux qui n'ont pas grand-chose à exprimer. C'est leur triste lot. Mais, c'est leur job !

À quoi peut bien servir l'écoute ? À montrer qu'on est un manager capable et responsable, doté d'une attitude ouverte, compréhensive et attentive ce qui permet de légitimer plus facilement sa fonction et de ne pas être remis en question toutes les cinq minutes.

Mais, à force d'écouter, on en arriverait même à en oublier la principale raison de l'écoute : amasser un maximum d'informations, en faire une analyse, puis une synthèse et tirer les enseignements de cette information récoltée afin de prendre des décisions en toute connaissance de causes et d'effets. Écouter ou décider, il faut choisir. Car, écouter est une occupation chronophage dont il faut savoir tirer bénéfices et avantages.

D'autre part, il ne faut jamais perdre de vue un aspect mis froidement en lumière par François Dupuy dans La Sociologie du changement[1] : « *Écouter un acteur, ce n'est pas lui demander ce qu'il veut et ouvrir grandes ses oreilles dans une attitude manifeste de disponibilité. La plupart du temps l'acteur n'en sait rien, et la question ne le fera que plonger dans l'embarras culpabilisateur de celui qui ne sait pas ce qu'il veut.* »

Il ne suffit pas d'écouter ce que dit l'acteur en question mais aussi ce qu'il ne dit pas ou ce qu'il n'arrive pas à exprimer avec des mots. Ses non-dits seraient aussi importants que ses dits. Sans parler de la communication non verbale et de la morphopsychologie. Comment voulez-vous que le dirigeant ait le temps de penser au changement alors qu'il

1. François Dupuy, *La sociologie du changement*, éd. Dunod, 2004.

doit se transformer lui-même en nounou, en assistante sociale, en psychologue et en oto-rhino-laryngologiste, spécialisé dans les troubles auditifs lourds ?

Pour certains dirigeants, ce n'est pas tout d'être à l'écoute de la « ressource humaine », il faut être, en alerte permanente, comme les Sioux, l'oreille collée à la piste, à l'écoute du terrain. Il s'agit de cultiver *l'expertise opérationnelle*. Jean-Pierre Tirouflet (Rhodia) semble avoir son avis sur la question[1] : « *Les programmes de changement les plus faciles, ce sont ceux où l'on donne la parole aux gens de terrain. Les plus résistants au changement, en fait, ce sont les couches intermédiaires…Les cadres dirigeants sont souvent suivistes ; ils ont aussi tendance à compliquer les choses. Ce sont des effets secondaires qui peuvent tuer les process mis en place.* »

Et puis, il y a le patron qui ne se décide jamais au changement, non pas parce qu'il estime que ses troupes ne sont pas prêtes ou que ce n'est pas le bon moment mais parce que la dernière personne qui est entrée dans son bureau, et donc la dernière qui vient de lui parler contredit la décision qu'il allait justement prendre. Être manager serait certainement un beau métier… s'il ne fallait pas prendre des décisions.

---

1. In Les associés d'EIM, *Les dirigeants face au changement – Baromètre 2004*, Les Éditions du Huitième Jour.

Quand les muets
veulent faire entendre raison
aux sourds

« N'insulte pas un sourd »
Lévitique 19.14

Communiquer, communiquer, il en restera toujours quelque chose... Le dirigeant moderne n'a plus que ce verbe à la bouche. Sinon, il est ringard ou ringardisé, *has been* ou obsolète. **T'es plus dans le coup**, papa, lui chanteront ses héritiers qui guignent son trône.

Communiquer d'accord, mais comment ? La communication, c'est un métier qui s'étudie et qui s'apprend. Si, si. Même parfois, plusieurs années d'études sanctionnées par un diplôme. Le directeur de la communication dans une entreprise n'est plus, en principe, le technicien le plus extraverti qui sait se servir correctement d'un téléphone ou d'un ordinateur et à qui l'on confie le soin de promouvoir la boîte en externe et de faire passer le message de la Direction en interne. Il existe des méthodes, même des méthodologies, des trucs et des ficelles. Ce qu'il faut dire et ce qu'il ne faut pas dire. Et à quel moment. Et comment agir en cas de crise sociale, environnementale, politique, majeure, etc. ?

La plupart des dirigeants commettent l'erreur de penser que communiquer est inné et que leur charisme naturel qui les a conduit là où ils sont fait office de brevet définitif de communication. L'exemple affligeant dans l'industrie d'un Jean-Marie Messier, naguère maître du monde, et celui d'Hervé Gaymard[1], en politique, montrent assez l'étroitesse d'un tel raisonnement.

Communiquer d'accord, mais quoi ? Alors là, les choses sont claires. Le nouveau manager est devenu au choix un filtre ou une passoire. Ou bien un filet avec des mailles plus ou moins larges et poreuses. Il sélectionne minutieusement l'information qu'il désire faire passer. Mais, il doit être, comme dit Hervé Sérieyx, un pourvoyeur de désir et un aspirateur de stress. La communication n'est pas que mots et slogans. Elle est aussi comportement et posture. Pourquoi les discours sont-ils si souvent en contradiction avec les attitudes ? Tel dirigeant prône que, dans son entreprise, « *La première richesse, ce sont les hommes* » et profite du premier prétexte pour jeter comme un kleenex un salarié fautif. Tel autre qui incite à « l'oser dire » et qui se plaît à faire régner un climat d'omerta propice à des comportements de garnison.

Entre le dirigeant communiquant à outrance, ce qui est susceptible d'engendrer angoisse, anxiété et stress chez le salarié, et le dirigeant autiste enfermé dans sa tour d'ivoire,

---

1. Dans *La Lettre du cadre territorial*, n° 292 du 15 mars 2005, Claude Fitoussi, conseil en communication politique, analyse les sept erreurs d'Hervé Gaymard.

il y a le dirigeant muet par nature, opportunité ou stratégie. La communication se fait là à deux niveaux de langage et bien sûr la discussion n'est pas possible. Quand l'un parle de produits et de performance, l'autre évoque les problèmes et les blocages.

Aucune importance, car face à ce chef d'entreprise aussi peu disert, il y a pléthore de salariés atteints de surdité maladive dès qu'on leur parle de modification, de transformation ou de réorganisation. Et il n'est pire sourd que celui qui ne veut pas entendre... parler de changement.

On ne change pas une équipe qui gagne

L'important, c'est de participer.

Pierre de Coubertin

Jean-Luc Rougé, l'ancien médaillé olympique et nouveau président de la Fédération française de judo depuis février 2005, déclara le 19 juillet 1996 dans *l'Équipe* : « *On change une équipe qui gagne !* ». Quand le journaliste lui demanda pourquoi il agissait de la sorte, il répondit : « *Ne jamais se satisfaire de rien. Si quelque chose marche, il faut le casser, sinon on s'installe dans la routine. [...] On possède une culture de combat permanent. Si tu te laisses prendre par la routine, tu es mort. Tu es déjà en retard.* »

Blaise Cendrars, grand voyageur toujours prêt à empoigner sa valise, aimait à dire : « *C'est quand on aime qu'il faut partir* ». Propos paradoxal d'un auteur certainement atteint de « bougisme ». D'ailleurs, quand on lui demandait s'il avait bien pris le Transsibérien[1], il répondait : « *Quelle importance si, grâce à moi, c'est vous qui l'avez pris* ».

Hormis ces beaux esprits qui n'hésitent pas à mettre en cause ce qui marche, on vous le répète, mais on ne le répètera jamais assez : **on ne change pas une équipe qui gagne**.

---

1. Prose sur le Transsibérien et sur la petite Jehanne de France.

Et ce n'est certainement pas Bernard Laporte, le sélection-neur de l'équipe de France de rugby, qui nous contredira, lui qui est tout le temps en train de modifier son équipe... qui perd. Ou Raymond Domenech, le patron de l'équipe de football, – ces fameux Bleus qui firent merveille en 1998, et 1 et 2, et 3-0... – qui essaie par tous les moyens (c'est-à-dire, on prend les autres et on recommence) de sortir la tête haute des éliminatoires pour la Coupe du monde de 2006 qui se jouera en Allemagne.

Quand tout va bien, pourquoi changer ? On vous le demande. Pourquoi agir par avance, par anticipation, par prévention au risque de tout casser, de gripper inutilement la machine, de bloquer les rouages et d'enrayer le système. Au risque de créer des frustrations chez les dirigeants et des blocages superflus chez les salariés. Tout le monde sait par-faitement ou peut en convenir grâce à quelques exemples bien choisis que le mieux est l'ennemi du bien. Ce vieil adage ne serait aussi populaire s'il ne recélait pas un fond de vérité. Ne vaut-il pas mieux temporiser et espérer que les choses évoluent d'elles-mêmes ? Ou attendre la perte de l'équipe ou le déclenchement d'une crise majeure pour envisager une modification quelconque. C'est bien dans ces moments-là qu'on arrive le mieux à tirer les enseigne-ments de ses faux-pas.

On a toujours fait ainsi...

*Zèle : Excès de passion suivie
d'une prosternation à plat ventre.*

Ambrose Pierce, *Le dictionnaire du Diable.*

Dans *Violences des échanges en milieu tempéré*, le film de Jean-Marc Moutout sorti en 2003, le héros, consultant junior chez Mac Gregor Consulting, grande entreprise d'audit, du type Boston Consulting Group, reçoit pour mission de préparer le rachat d'une usine provinciale par un grand groupe suédois. Le nouvel embauché, fraîchement sorti de son école de commerce, des schémas conventionnels et des idéaux humanistes pleins la tête, ne se sent pas la vocation d'un guillotineur. Et surtout, il a des états d'âme quand, comme lui a demandé avec insistance son supérieur hiérarchique, le terrifiant Laurent Lucas, il doit effectuer les bilans individuels de compétence qui permettront d'évaluer le personnel et de désigner plus facilement les quatre-vingts emplois qui doivent sauter.

Ce qui est particulièrement intéressant ici, c'est de voir comment la résistance au changement fonctionne au travers du personnage du chef de la production, un homme de l'ancienne génération, qui refuse de se faire auditer. On perçoit très bien que l'homme s'est façonné lui-même, petit à petit, et qu'il a gravi lentement tous les échelons pour se retrouver à ce niveau de responsabilité. Personne ne peut prétendre lui apprendre son métier qu'il connaît comme personne. Il ne refuse pas le progrès mais les rouages sont tellement bien huilés. Pourquoi risquer de les gripper en introduisant de nouveaux outils – superflus – ou en expérimentant de nouvelles techniques ?

Quand il accepte enfin, sous la contrainte du Directeur de l'usine, de rencontrer le jeune auditeur, c'est pour lui expliquer qu'on a toujours procédé ainsi et qu'il n'y a aucune raison que ça change. *« Vous ne comprenez rien à la réalité et vous ne connaissez pas le terrain »* lui dit-il *« vous ne comprenez pas tout simplement la réalité du terrain »*.

Ah, le terrain ! Bien sûr, ceux qui n'y sont pas sur le terrain ne peuvent pas comprendre. C'est un peu comme pour un match de football ou de rugby. Les supporters ont parfois du mal à saisir ou à déchiffrer telle ou telle phase de jeu. Mais, c'est normal, ils ne sont pas sur le terrain. Tandis que les joueurs, eux, qui l'ont investi ce terrain, ils sont bien obligés de tenir compte des aspérités, des buttes de terre, du caractère glissant de la pelouse, de sa texture, des obstacles vicieux, des irrégularités du sol et même des clameurs qui viennent des tribunes.

Le terrain, c'est l'environnement, le contexte, le cadre parfois contraignant, la donnée exogène qu'il faut à tout prix intégrer sous peine… de passer à côté de la réalité. Mais quelle réalité ? C'est là évidemment toute la question.

Du temps de Chamfort, la société est divisée en deux grandes classes : ceux qui ont plus de dîners que d'appétit et ceux qui ont plus d'appétit que de dîners. Cette dichotomie n'est plus tout à fait d'actualité. Tant s'en faut. Sans entrer dans un dualisme simpliste et manichéen, on a déjà compris que, dans les entreprises, il y a, d'un côté, ceux qui connaissent, comprennent, appréhendent, affrontent parfois, chaque jour et chaque seconde de chaque minute, la réalité du terrain.

De l'autre côté, il y a les autres. Les autres, ce sont les cols blancs, ceux qui ne désirent pas trop se salir, ceux qui évitent de mettre les mains dans le cambouis, les pieds dans la glaise et le nez dans le… Pour ceux-là, le changement est plus facile. Ce sont même eux qui le décident mais rarement eux qui le mettent en œuvre.

Ça ne va pas être possible...

L'urgent est fait. L'impossible est en train de se faire.
Pour le miracle, faîtes-le vous-même.

Devise de l'agence Reuter

Dans les organisations ou les institutions publiques, le terrain, on se targue de le connaître également. Mais, il existe une variante plus subtile, moins... terre à terre et tout aussi efficace. Pour éviter d'éventuelles modifications brutales ou des bouleversements pernicieux, il suffit de sortir à bon escient une formule magique. Elle fait mouche à tout coup. Devant l'initiative audacieuse d'un innovateur crédule, le rétif au changement invoquera tout simplement le rituel « *Ça ne va pas être possible* » pour étouffer immédiatement les audaces et les aspirations de cet écervelé.

Pour bien comprendre la stratégie, prenons un cas concret. Un nouveau ministre arrive dans un ministère, s'installe dans ses quartiers. Ignorant des us et coutumes de la maison, il décide que, désormais, pour des raisons de commodités personnelles, le déjeuner se prendra dans le petit salon bleu du premier étage plutôt que dans la salle à manger sinistre du second. Le personnel en place, immuable, chargé d'assurer la continuité du service, va vite faire comprendre au ministre que, pour des raisons d'intendance impérieuses « *ça ne va pas être possible* ».

– Et pourquoi donc ? insiste le ministre, agacé qu'on puisse le contredire, même avec les formes et la courtoisie requises.

– Parce que l'acheminement du circuit des cuisines n'a pas été étudié dans ce sens, répond le maître d'hôtel.

– Eh bien, changez-moi ça, se cabre le ministre.

– Très bien, monsieur le ministre, pas de problème, nous allons nous en occuper. Je pense que pour effectuer cette modification, ça devrait prendre environ trois mois, vu que le service travaux est un peu engorgé avec votre arrivée.

– Bon, laissez tomber et faites comme d'habitude, dit notre serviteur de l'Etat, *grand seigneur*, refusant d'avouer sa défaite et se disant qu'après tout, devant les tâches gigantesques qui l'attendent, cette histoire de lieu d'agapes est vraiment dérisoire.

Et c'est gagné. La formule « *Ça ne va pas être possible* » a encore fait merveille et a permis de rabattre les velléités de changement des ministres inconscients de la réalité du terrain.

Cet exemple montre bien que l'habitude, les coutumes, la tradition, les « *On a toujours fait comme ça* », sont parfois plus puissants que n'importe quel pouvoir régalien. En son temps, le bouffon avait le droit de dire au roi qu'il était nu. C'était certainement agaçant, mais c'était ainsi. L'usage, la règle, le rite.

L'expression « *Ça ne va pas être possible* » favorise bien sûr l'immobilisme, mais impose en même temps un certain pragmatisme devant des exigences excessives de potentats. Ce modeste pouvoir de blocage des « sans-grade » freinant la course d'élites arrogantes recèle quelque chose de sain dans une démocratie. Corinne Lepage, ministre de l'Environnement (1995-1997), confrontée à ces inerties de palais et à ces obstructions de cabinets ministériels, en fit l'amère expérience. Elle décrit dans un livre plein d'humour et de réalisme les raisons profondes d'un immobilisme que d'aucuns lui auraient reproché[1].

---

1. Corinne Lepage, *On ne peut pas le faire… Madame le Ministre*, éd. Albin Michel, 1998.

Le bon moment n'existe pas

La vie n'est ni longue ni courte :
elle a des longueurs.

Jules Renard

Les raisons de résister au changement sont innombrables. Objectives ou subjectives, personnelles ou collectives, réelles ou psychologiques, sensées ou irrationnelles. Souvent, c'est à cause de l'autre en particulier et des autres en général qu'on décide de ne pas bouger. « *Mes salariés ne sont pas prêts* », affirme tel dirigeant alors que les salariés en question tiennent le discours miroir : « *Comment voulez-vous qu'on accepte le changement alors que la Direction ne bouge pas ?* » La chose est courante : le dirigeant ne veut pas ou ne peut pas partager sa vision parce qu'il pense que les autres ne peuvent pas comprendre. Incompatibilité d'humeur, déficit de communication, incompréhension, syndrome de la tour d'ivoire, sans doute un peu de tous ces ingrédients à la fois pour composer le cocktail de l'immobilisme.

La plupart du temps, soyons clairs, les changements ne servent à rien sinon à changer pour changer. Osons le dire, les changements sont stériles. Mais, pour montrer son pouvoir, sa présence, son importance, son activisme, il faut bien agiter du vent. En politique, les exemples ne manquent pas. Nous ne citerons délibérément personne afin de ne pas engendrer d'inutiles frustrations chez ceux qu'on aurait pu oublier. Les *éoliens* se reconnaîtront assez facilement.

Dans les entreprises, c'est pareil. Un nouveau dirigeant arrive. Que fait-il pour prendre le pouvoir ou l'asseoir plus confortablement ? Il décrète le changement. Changement de quoi ? Peu importe. L'essentiel, c'est que l'on sente le vent du changement. Le souffle puissant du démiurge qui entend délimiter son territoire, imprimer sa marque, laisser son empreinte. Selon le vieil adage qui fonctionne toujours : « *Mon prédécesseur était un incapable, mon successeur sera un ambitieux.* » Puisqu'il faut rendre à César ce qu'il lui appartient, n'importe quel empereur romain aurait pu prononcer une telle sentence. Quand on a le pouvoir, on commande le changement ; quand on ne l'a pas, on le subit.

Il faut changer, c'est maintenant ou jamais ! Qui n'a pas entendu cette injonction ? Mais, à quoi bon changer, disait un cadre d'un site industriel de province, puisque dans deux voire trois ans au plus, ce dirigeant sera parti et qu'un autre viendra tenir le même discours : les dirigeants passent, les collaborateurs se tassent… et font le dos rond.

Pour la réforme de la Sécurité sociale, cela fait plus de vingt ans qu'il y a urgence à tout bouleverser. Combien de Cassandre nous ont annoncé des cataclysmes budgétaires et autres bouleversements sur notre protection sociale. Le système continue de tourner. Pourquoi dès lors se précipiter ?

D'autres estiment à l'inverse qu'il est trop tôt pour changer. Ils pensent avoir une telle longueur d'avance par rapport à leurs concurrents qu'ils n'estiment pas utile d'entamer une quelconque transformation dans leur entreprise. Ce fut le cas de Motorola pour les téléphones portables. Robert Galvin[1] avoue : « *Nous avons tous pensé qu'il fallait laisser le temps au numérique d'arriver.* » Une erreur d'analyse qui coûte au groupe sa place de leader. La suite, vous la connaissez.

Dans la presse, tous les deux ans environ, les journaux changent de maquette. *Le Monde, Libération, Le Figaro, Télérama,* etc. Des modifications qui déboussolent parfois le lecteur enfin fidélisé. Pourquoi changer ? Mais, pour le simple plaisir de changer. Ces bouleversements structurels attirent-ils plus de lecteurs ? Rien n'est moins sûr. Pire. Ce changement imprime même parfois un mouvement négatif, contre-productif. Retards dans la distribution, grèves de protestation, blocages dans l'acheminement. On ne peut nier qu'il y a eu du changement. A-t-il été rentable ? Parce qu'en plus du changement effectué, il eût fallu en tirer des bénéfices ?

De temps à autre, rarement, de manière même épiphénoménale, il survient un miracle. *The right man at the right place in the right time*[2]. C'est la rencontre de l'homme avec l'Histoire : Joffre, de Gaulle, Churchill, Eisenhower, Adenauer, etc. Pour les entreprises, c'est un Carlos Ghosn qui non seulement sauve Nissan du désastre mais retourne une situation désespérée. C'est un Jack Welch qui construit au fil des ans l'entreprise General Electric et en façonne un empire. Un Steve Jobs qui, en bricolant dans son garage,

---

1. Cité in *Quand les grands patrons se plantent, ibid.*
2. Pour ceux qui ne seraient pas anglicistes : « La bonne personne au bon endroit au bon moment ».

révolutionne non seulement l'informatique mais la manière dont on utilise un ordinateur. Un Michaël Dell qui chamboule les circuits de distribution dans l'informatique et taille des croupières à IBM, le géant qui n'a rien vu venir. Un Richard Branson, le patron de Virgin, ce ludion génial qui convertit en or tout ce qu'il touche. Ou encore, l'inventeur de Linux, le logiciel libre, Linus Benedict Torvalds, qui a compris comme les patrons de Google, Larry Page et Serguei Brin, que l'avenir de l'Internet passe par la valeur générée et non par la vente de nouveaux logiciels. Mais, on pourrait citer aussi quelques capitaines d'industrie français visionnaires qui n'ont pas utilisé le changement que pour asseoir leur pouvoir : Michel Bon (ex-France Télécom), Bertrand Collomb (Lafarge), Michel Pébereau (BNP-Paribas), etc. Impossible de les citer tous. Ils se reconnaîtront.

C'est ce que d'aucuns appellent l'alchimie du changement. Combien de dirigeants arrivent à transformer le plomb en or ? Combien sont-ils à être des champions de la transmutation ? Combien le savent simplement ?

Disons le tout net : il n'y a pas de bon moment pour changer. Ou c'est trop tôt : les salariés ne sont pas prêts parce que le dirigeant n'a pas su impulser et imposer sa farouche volonté ; ou c'est trop tard : l'entreprise n'a pas senti le vent tourner et elle est en position instable. Ce n'est jamais le bon moment, sauf à décréter que justement c'est, maintenant ou jamais, le bon moment. Les êtres humains, c'est dans leur nature, ont peu envie de changer. Changer est une menace. Ils ont beaucoup, sinon tout, à perdre et peu à gagner, du moins sur le court terme. Les choses changent autour d'eux, mais eux ne changent que sous la contrainte. Parfois, c'est la contrainte du moment.

Le jeu du bouc émissaire

Si nous sommes tous coupables,
personne n'est responsable.

Morab El Hattab, *Chroniques d'un buveur de lune.*

Comme chacun sait, le bouc émissaire était la bête désignée par les Hébreux qu'ils chassaient dans le désert après
l'avoir chargé de toutes les iniquités du peuple. Par exten-
sion, le bouc émissaire est devenue la personne rendue responsable de toutes les fautes, de tous les torts, de tous les
maux.

Jouons donc ensemble au jeu du bouc émissaire. Si nous ne
voulons pas changer, c'est très simple, il n'y a pas à tergiverser des lustres, c'est bien la faute à quelqu'un ou à quelque chose. Les boucs émissaires ne sont pas faits pour les
chiens. Énumérons les principaux. Si nous résistons au
changement, c'est la faute :

▷ aux autres[1] en général, aux autres services, à la clientèle
qui n'aimerait pas ça et qui ne comprendrait pas nos
modifications ;

▷ au temps, qui passe, qui reste, qui va, qui court…

▷ à notre petit confort, à notre grand contentement de soi ;

---

1. Petit syllogisme simple : changer, c'est l'enfer ; s'il faut changer,
c'est à cause des autres ; donc, l'enfer, c'est les autres (Jean-Paul
Sartre).

- à la peur de l'inconnu, du vide, du risque ;
- à l'angoisse de tout casser, de recommencer à zéro ;
- à la parfaite connaissance de la réalité du terrain ;
- aux contingences du moment ;
- aux conditions climatiques, atmosphériques et sismiques ;
- à son époux qui est radicalement contre ;
- à nos enfants qui sont trop jeunes pour accepter le changement ou qui ne sont pas en âge de changer de milieu, ou encore qui sont bien trop vieux pour accepter le nouvel environnement ;
- à l'inertie ambiante ;
- à l'incompréhension des pouvoirs publics ;
- à la rigidité des établissements financiers ;
- au manque d'imagination des élites ;
- aux intellectuels bornés ;
- aux coiffeurs (ne demandez pas pourquoi, c'est comme ça !) ;
- à la croyance fallacieuse et populaire qu'on peut toujours tout réinventer tout le temps ;
- à la question lancinante de savoir si ça va marcher ou si on va être à la hauteur de la situation ;
- au marché[1] ou à une mauvaise appréhension du marché ;

---

1. Nous évoquons ici bien sûr la conjoncture ou le contexte économique…

- au scepticisme, au cynisme, au pessimisme, et à quelques autres « ismes » complaisants ;
- à la force de l'habitude et à la puissance de la routine ;
- à la confusion courante entre le court, le moyen et le long terme ;
- Au manque de reconnaissance de la Direction ;
- à une mauvaise appréciation des enjeux par le personnel ;
- à une mauvaise information, à une communication nulle, à une écoute inexistante ;
- etc.

Où est le jeu ?[1]

---

1. C'est le genre d'énumération jamais exhaustive. Vous compléterez par vous-même avec vos expériences personnelles. Il est hors de question que nous fassions tout le travail à votre place. Sinon, où serait le jeu ?...

Ça ne marchera jamais

La peur est un bouclier
qui ne protège même pas les sages.

Sahar Khalifa, *L'impasse de Bab Essaha.*

Dirigeant ou exécutant, nous connaissons tous, à un moment ou un autre de notre parcours professionnel, la peur du changement. Cette peur du changement n'est pas très éloignée de la peur tout court à laquelle chacun est confronté un jour. Cette peur irraisonnée et irrationnelle, cette peur-panique qu'on ne peut pas arriver à maîtriser ou à contrôler devant un chien agressif, une bête sauvage en liberté, un débordement intempestif de la nature ou seul(e) la nuit dans une rue déserte avec soudain des bruits de pas qui se rapprochent.

Tous les signes de la peur apparaissent : la sueur qui coule le long du dos, cette sensation bizarre d'avoir froid et chaud en même temps, les tempes si douloureuses qu'elles donnent l'impression que la tête va exploser, les tremblements incontrôlés de certains membres comme les mains ou les jambes, la sécrétion d'endorphines qui, au lieu de vous dynamiser comme pourrait le faire une montée d'adrénaline, vous inhibe encore plus dans une sidération paralysante. Et l'odeur de la peur qui vous colle à la peau. Tous ces mécanismes ou ces symptômes accompagnent la peur, l'angoisse et même parfois le stress.

La peur du changement peut être accompagnée de ces manifestations. Néanmoins, on est plus ici dans le doute de soi ou la crainte de ne pas être à la hauteur de la situation. Ces sentiments, parfois moteurs chez certains individus, nous encourageraient plutôt à l'immobilisme.

Le premier argument qui nous vient à l'esprit quand le changement nous effraie, c'est de déclarer, à qui veut l'entendre, que les modifications formelles ou structurelles à mettre en œuvre ou en place ne pourront jamais fonctionner à cause, à cause, à cause de quoi au fait ? Ça ne marchera jamais… À vous dégoûter d'entreprendre quoi que ce soit. Mais, n'oublions pas que les peurs sont irrationnelles. Ce qui nous exonère de donner nos raisons.

Le deuxième argument massue est imparable : comme les choses changent tout le temps autour de nous, à quoi bon changer puisque, quand les modifications auront été achevées, elles seront déjà obsolètes. Ce n'est plus « *ça ne marchera jamais* », mais « *ça ne marche déjà plus* ». Donc, au lieu d'être interventionniste, laissons les choses se faire d'elles-mêmes, évoluer à leur rythme. À la rigueur, feignons d'être les organisateurs de ces gesticulations.

Le troisième argument ne manque pas de sel. Il exprime, avec plus ou moins de véhémence, selon l'intensité de la peur du changement, que, dans le cadre de cette expérimentation, on ferait mieux d'utiliser l'argent nécessaire avec plus de pertinence et de discernement. Qu'on pourrait consacrer ce budget à des actions humanitaires, le donner aux pauvres, à l'Afrique qui est mal partie, à la recherche sur les organismes génétiquement modifiés, à des causes qui en valent la peine.

Comment savoir à coup sûr si l'on sera à la hauteur de la situation ? Si cette situation justement n'est pas surdimensionnée pour nos maigres capacités intellectuelles ? C'est très simple : on ne peut pas le savoir a priori. On ne peut s'en rendre compte qu'a posteriori. Mais, pour cela, il faut essayer, risquer, expérimenter, se jeter à l'eau. Rien ne nous empêche de prendre un gilet de sauvetage ou une bouée. Et de ne pas trop s'éloigner du bord. Mais, la peur du changement ne nous incite pas à plonger franchement ou même à tremper un orteil. Stop ! La situation est insoluble, inextricable. « *Caressez un cercle et il devient vicieux* », disait Eugène Ionesco.

Valeurs et repères
sont aux objets perdus

Croyances : choses que l'on tient pour vrai
malgré l'évidence du contraire.

Joseph O'Connor

Dans les organisations administratives comme dans l'entreprise, les normes, les rites et les stéréotypes s'érigent en systèmes de croyances et de valeurs. Ils déterminent pour les membres d'un groupe (formel ou informel), ce qui est le bien et ce qui est le mal, ce qui est souhaitable ou peu recommandable, autant sur le plan des attitudes que des comportements, des avantages recherchés, et des contraintes ressenties et partagées.

Notre monde n'a jamais été aussi incertain, illisible, imprévisible. Et pourtant, bien qu'il soit difficile de prévoir, surtout l'avenir, nous savons bien que demain ou aprèsdemain l'Inde, grâce à ses formidables capacités informatiques, ses salaires non concurrentiels et ses ingénieurs informaticiens, sera le réceptacle des sources externalisées des grandes entreprises occidentales ; nous savons également que les produits chinois, dont la qualité s'améliore chaque jour, vont envahir le marché mondial. Ce n'est pas ressortir de sa besace le vieil argument du péril jaune que d'annoncer cette dernière prévision. L'Empire du Milieu est en train d'exhiber, à grands renforts de rachats d'entreprises sur tout le globe terrestre, les moyens de ses ambitions. C'est déjà le cas pour les automobiles Rover, les parfums Marionnaud, les textiles Devanlay. Nous savons tout aussi bien que les pays industrialisés utilisent de plus en plus de pétrole et ses dérivés et qu'il est grand temps de trouver des énergies de substitution.

Alors, il vaut mieux le dire franchement : Pas question de changer dans un monde incertain. Cependant, le terme « incertitude » est aujourd'hui un peu dépassé. C'est en tout cas ce que l'on apprend en parcourant *Les dirigeants face au changement*[1] : « *Dans la bouche des patrons comme dans la presse économique, le terme « volatilité » connaît une fortune remarquable. Délaissant son contexte originel physique ou financier, il a essaimé dans tous les domaines de la vie de l'entreprise, où il fonctionne, peu ou prou, comme synonyme d' « incertitude ».* »

Entrons en résistance contre ces navigateurs à vue, ces adeptes du cabotage en eaux troubles. Attitude frileuse, direz-vous. Non, plutôt réfléchie et mûrement pesée. Laissons l'aventure aux aventuriers. Ne laissons pas les capitaines d'industrie conduire leurs troupes à l'abattoir. On sait trop ce qu'on risque de perdre : son emploi et son plaisir de travailler. En un mot, son bonheur. Son confort. Ses repères habituels. Ses certitudes et sa propre logique. Son pouvoir, aussi infime soit-il. Son savoir-faire, aussi maigre soit-il. La chaleur humaine des collègues autour de la machine

---

1. Les associés d'EIM, *Les dirigeants face au changement – Baromètre 2004*, Les Éditions du Huitième Jour, 2004.

à café au sein de la cafétéria. La culture de la boîte. Et enfin, les grandes valeurs universelles de l'entreprise, comme la solidarité, le respect de l'autre, la confiance, le sens de la responsabilité, la fraternité, etc.

C'est pas ma faute…

L'espoir c'est penser que les choses peuvent s'arranger
en sachant très bien que l'on ne peut rien changer.

Jean-Louis Nottrelet

Les causes de blocage du système économique sont nombreuses, diverses et variées. Elles peuvent être personnelles, comme nous l'avons vu dans un chapitre précédent. Elles sont aussi exogènes, c'est-à-dire qu'elles se forment à l'extérieur et à l'insu de l'individu.

Par exemple, toutes les dispositions réglementaires nationales, supranationales, européennes, type déontologie, charte ou convention collective, sont des cadres souvent coercitifs et restrictifs. Elles fixent des contraintes et des limites qui sont des boucliers de protection tant pour les salariés que pour les patrons. Nous ne disons pas qu'elles sont inutiles. Au contraire. Le législateur a prévu ces garde-fous pour prévenir les abus de pouvoir exercés le plus souvent par le patronat. Nous attirons juste votre attention pour vous montrer que ces dispositions sont susceptibles d'encourager l'inertie structurelle et de légitimer l'immobilisme.

D'après une enquête réalisée en août 2004 par l'institut de sondage TNS-Sofres et Capgemini, on constate que les deux tiers des salariés français, tant dans le public que dans le privé, sont satisfaits de leur travail. Mais, pour tempérer l'indéfectible optimisme des dirigeants, l'enquête dévoile aussi qu'un salarié du privé sur deux considère avoir été récemment fragilisé, soit parce qu'il a connu le chômage, soit parce qu'il s'est senti menacé dans son emploi, soit parce qu'il a subi une fusion ou qu'il a simplement douté de sa valeur professionnelle. Toujours d'après cette instructive enquête, 38 % des salariés jugent que leur situation personnelle se dégrade, un chiffre qui atteint 50 % dans les grandes entreprises.

La décentralisation, la mondialisation, l'instauration des 35 heures, la rupture du contrat emploi contre protection sociale[1], etc. sont autant de données exogènes qui font illusion. Elles donnent l'impression que les choses changent ou ont changé dans l'entreprise mais en fait, elles ne sont que des obstacles supplémentaires sur le chemin du changement déjà suffisamment semé d'embûches.

Les salariés français sont inquiets : seuls 15 % estiment que le monde va dans la bonne direction. A contrario donc, 85 % pensent que l'économie mondiale se plante[2]. Dans les grandes entreprises, 64 % des personnes interrogées estiment que les modes de fonctionnement changent considérablement mais la moitié des salariés restent circonspects sur ces changements. Pertinents ou non, ils sont approuvés par 29 % d'entre eux. Par conviction intime ou par opportunisme ? À peu près le même pourcentage pour

1. Sur ce thème, lire *L'Insécurité sociale* de Robert Castel, La république des Idées, éd. du Seuil, 2003.
2. Les optimistes pensent qu'on est dans la merde et les pessimistes estiment qu'il n'y en aura pas pour tout le monde.

déclarer ne pas être prêt à faire des sacrifices pour son travail. En tout cas, cette « *désimplication* » des salariés s'explique aussi par le manque de confiance vis-à-vis des directions. Au fil des ans, la défiance grimpe en flèche.

Les résistances au changement se manifestent par l'expression d'empêchements objectifs qui n'ont rien à voir avec une quelconque affirmation de mauvaise volonté. Quand ce n'est pas le cadre juridique qui fait sa tête de bois, c'est le cadre administratif. N'avez-vous jamais essayé de créer une entreprise ? Devant l'ampleur de la tâche, la somme d'épreuves, de pièges, de traquenards, d'embuscades, de chausse-trapes, vous avez bien sûr renoncé.

Le désir de changer n'est pas le changement. Il n'est que l'expression d'un souhait, d'une volonté à concrétiser à condition bien sûr que toutes les modalités et les exigences requises soient avec vous, de votre côté. Sinon, vous risquez vite de vous décourager et de mettre en balance les efforts à fournir par rapport aux bénéfices retirés.

Juridisme et judiciarisation
sont dans le même bateau

Les lois sont des toiles d'araignées
à travers lesquelles passent les grosses mouches
et où restent les petites.

Honoré de Balzac

Comme Thémis a les yeux occultés (rappelons que la Justice est aveugle et que le bandeau de sa déesse est le symbole de sa cécité), elle a dû se prendre les pieds dans le tapis. Sa balance s'est emballée et son glaive taille parfois un peu dans le vif.

Depuis une décennie environ, disons pratiquement depuis l'affaire du sang contaminé et du désormais célèbre « *responsable mais non coupable* » proféré par une Georgina Dufoix particulièrement inspirée, la société a tendance à se judiciariser à outrance. Puisque nous sommes tous (nous avons dit TOUS) des citoyens et citoyennes responsables, nous sommes tous aussi des justiciables, aptes à répondre devant la loi de tous nos actes. « *Tout fait quelconque de l'homme, qui cause à autrui un dommage, oblige celui par lequel il est arrivé, à le réparer.* » art. 1382 du code civil qui date de Napoléon 1er. À la fin du XIXe siècle, le droit évolue : comment réparer les accidents du travail sans reconnaître la responsabilité de l'employeur ? Sans responsable, pas d'indemnisation.

Aujourd'hui, notre société procédurière a les défauts de ses qualités. La tentation du juridisme, c'est-à-dire le recours excessif au droit et à ceux qui l'appliquent, développe une situation paradoxale et nous place devant une alternative fatale : soit on se sent ligoté par les actions en justice potentielles et l'on est « condamné » à l'immobilisme soit on se retrouve en première ligne, victime d'abus de pouvoir ou d'application incohérente de la loi. Nous ne sommes pas des spécialistes du droit. Nous sommes juste des observateurs gourmands des travers de nos contemporains. Nous ne rentrerons pas dans des détails techniques, mais nous n'affirmons rien sans preuve. Nous sentons bien que vous voulez des exemples.

Sans remonter très loin dans le temps, tel Français, blessé et empêché par le tsunami survenu en Asie du Sud-Est le 26 décembre 2004, réclamant le versement de ses indemnités journalières, s'est vu rétorquer par sa caisse primaire d'assurance maladie que, comme il n'avait pas envoyé ses feuilles de maladie à temps, soit deux jours après le dramatique raz-de-marée, il n'y avait aucune raison que ses indemnités soient versées. Le cynisme de l'administration est parfois… catastrophique.

Aujourd'hui, pour organiser une fête ou une manifestation festive sur l'espace public, il faut demander tant d'autorisations et remplir tant de formulaires qu'on peut légitimement se décourager avant d'avoir allumé le premier lampion.

Dans votre commune, quelques projets en cours vous perturbent. Un arbre que l'on veut couper et que vous aimez bien ; le projet d'un immeuble qui va vous faire de l'ombre ; l'implantation d'une déchetterie à deux pas de chez vous. La solution : entamer un recours administratif, même de mauvaise foi, contre les édiles municipaux. Vous pouvez arriver à différer la réalisation de ces projets et, si vous êtes entre deux mandatures, espérer en voir l'abandon pur et simple par le nouveau maire élu.

Vous voulez d'autres exemples. En voici deux autres glanés sur Internet dans une conférence retranscrite relative à « *La tentation du juridisme* » : La caisse de Sécurité sociale de Saint-Nazaire a annoncé qu'elle allait demander fin mars au Tribunal de grande instance de déclarer les quatre plus grands fabricants de tabac responsables du préjudice qu'elle estime subir en remboursant quelque cinquante millions de francs par an de soins pour les pathologies du tabagisme. Un maire est mis en examen pour mise en danger de la vie d'autrui par la plainte d'une personne agressée dans une rue réputée pour son insécurité, au motif que le maire n'a pas pris les mesures qu'impliquait cette insécurité.

L'étudiant en médecine lambda va-t-il se risquer à devenir anesthésiste alors que les assurances font monter les enchères toujours plus haut quand elles continuent à assurer ces professions à risque ? Le patient, victime potentielle, refuse le risque, mais ne refuse pas le progrès.

Cette incursion du droit, et surtout du droit pénal, dans notre vie quotidienne, a un effet plutôt paralysant, tétanisant. La perspective d'être mis en examen ou d'être transformé en accusé, répondant d'actes prétendus délictueux, entrave évidemment quelques initiatives hasardeuses et n'incite pas à l'aventure. Sans parler des lois internationales et supranationales qui priment sur les règlements nationaux. Au nom de la loi, ne bougez plus, vous êtes cernés !

Les syndicats ont-ils le pouvoir d'être un contre-pouvoir ?

> *Tout a changé aujourd'hui...*
> *sauf notre façon de penser.*
>
> Albert Einstein

Quand Roger Fauroux et Bernard Spitz, trois ans après avoir publié *Notre État*, sortent leur gros livre sur les blocages français, *État d'urgence*[1], les auteurs nous préviennent d'emblée : « *La genèse de ce livre a coïncidé avec la vague de grèves qui a désorganisé la vie d'une partie de la nation au printemps 2003. Rien de bien nouveau dans ce tumulte où les syndicats, conformément à une stratégie désormais rodée, ont infligé aux usagers des services publics le maximum de brimades dans l'espoir de faire échouer la réforme des retraites et collatéralement un timide essai de décentralisation. Le gouvernement cette fois a résisté, mais apparemment échaudé par cette bataille, la première de sa courte existence, il a renvoyé à plus tard la suite du programme.* »

Quant aux partenaires sociaux, ils n'ont de partenaires que le nom. Ils sont plutôt des adversaires sociaux, quand ils arrivent à se rencontrer, non pas pour négocier mais pour poser les bases d'une éventuelle négociation à venir.

---

1. Roger Fauroux, Bernard Spitz, *État d'urgence – Réformer ou abdiquer : le choix français*, éd. Robert Laffont, 2004.

Heureusement, cette guerre de tranchées devrait s'achever grâce à de bonnes résolutions. Voyez donc. Au Conseil européen de Lisbonne des 23 et 24 mars 2000, l'Union européenne s'est dotée d'un programme pour la décennie en cours avec pour objectif de « *devenir l'économie de la connaissance la plus compétitive et la plus dynamique du monde, capable d'une croissance économique durable accompagnée d'une amélioration quantitative et qualitative de l'emploi et d'une plus grande cohésion sociale.* »

C'est ce que l'on a appelé la stratégie de Lisbonne. Nous voyons quelques sceptiques lever des sourcils incrédules et nous entendons distinctement leurs rires sous cape. La suite devrait faire taire ces mauvais esprits. Cette stratégie encourage la modernisation du modèle social européen en incitant les états membres à :

▸ développer la formation et l'éducation, tout particulièrement pour les compétences liées aux nouvelles technologies de l'information et de la communication (NTIC) ;

▸ mettre en œuvre des politiques actives de l'emploi afin notamment d'augmenter les taux d'emploi ;

▸ moderniser la protection sociale ;

▸ favoriser l'intégration sociale.

Nous nous arrêtons là pour éviter l'apoplexie aux mauvais esprits cités plus haut. Mais pour revenir aux réalités (du terrain) actuelles et aux syndicats, n'est-il pas normal qu'ils défendent, becs et ongles, les avantages acquis de hautes luttes et de rudes combats ? Acquis... Acquis... À qui doit-on le droit de grève, le droit de manifester, l'interdiction du travail pour les enfants, les congés payés et sa 5e semaine, la semaine de 80, puis 60 puis 40 et enfin 35 heures, les RTT ? Hein, à qui ? C'est là où se situe le paradoxe : comment des centrales syndicales, en pointe sur les conflits sociaux, jamais à cours d'un discours progressiste, peuvent-elles se montrer si conservatrices et si attachées à l'ordre existant dès qu'une Direction privée ou publique dévoile la moindre velléité de changement ?

Dans certains conflits bloqués où patronat et représentants des salariés campent sur leurs droits (en oubliant leurs devoirs) dans des attitudes de citadelles assiégées, les syndicats viennent parfois à la table des négociations avec des propositions concrètes. Si, si, cela arrive, et plus souvent qu'on le pense.

Mais, est-ce faire de l'anti-syndicalisme primaire de dire que parfois les syndicats disjonctent ou prennent des positions qui vont à l'encontre de leur ligne habituelle ? Voulez-vous des exemples ? Provoquer une grève dans les transports aériens pour défendre un salarié mis à pied à l'origine de la mort d'une hôtesse de l'air, ne serait-ce pas soutenir l'insoutenable et défendre l'indéfendable ? Ne confond-on pas ici la sécurité tout court avec la sécurité de l'emploi ? Les grèves de septembre 2004 à la SNCM (Société Nationale Corse Méditerranée) menées par le STC (Syndicat des Travailleurs Corses) a coûté la bagatelle de 8 millions € à l'entreprise publique et 50 000 passagers récupérés par la Corsica ferries, entreprise privée. Ne couvrons pas d'opprobre la seule STC. La CGT à Marseille, à l'origine des grèves d'avril 2004, en pleine période de réservations estivales, porte aussi sa part de responsabilité dans la probable faillite de la SNCM... si l'État n'intervient pas en sauveur providentiel.

Et que dire de la mobilisation pratiquement unitaire contre le fait de travailler un jour chômé en faveur des personnes dépendantes. La solidarité serait-elle une valeur qui a perdu de la valeur chez les syndicalistes ? Un autre exemple de l'insouciance des syndicats et de la gestion hasardeuse de ses contradictions ? Une manifestation unitaire est prévue dans la capitale le jour même de la visite d'une délégation du comité olympique chargé de vérifier le bon fonctionnement des infrastructures et des installations en vue de la candidature de Paris pour les J.O. de 2012 qui pourraient créer environ 50 000 emplois. Pour l'amour des Jeux, il était peut-être capital de trouver une autre date pour arpenter le pavé parisien. Se tirer une balle dans le pied n'est pas encore discipline olympique ! On manifeste pour le pain et l'on oublie les jeux. Ou plutôt les enjeux.

François Chérèque, patron de la CFDT, semble avoir commencé un travail de mutation dans ce sens. Il s'en explique dans un livre passionnant[1], où il défend les options du syndicat qu'il dirige. Il n'a pas oublié la confidence d'un ami, militant de longue date, qui lui disait : « *Quand j'étais jeune, j'étais révolutionnaire, mais j'avais le temps. Aujourd'hui, je suis réformiste parce que je n'ai plus le temps.* » François Chérèque explique ainsi son impatience. Celle d'un responsable syndical qui sait que dans une

---

1. François Chérèque, *Réformiste et impatient*, éd. du Seuil, 2004.

société complexe, il faut certes être exigeant et déterminé, mais aussi être capable d'avancer pas à pas et savoir, parfois, aller à contre-courant. « *Le changement ici et maintenant, l'impatience raisonnée, la société en mouvement : voilà, selon moi, l'idéal des réformistes* », écrit-il.

Petit rappel pédagogique
à l'usage des mal-comprenants

He who can, does ;
he who cannot, teaches.

G.B. Shaw

Cent fois sur le métier remettons notre ouvrage. Il n'est pas inutile de rappeler et de rappeler encore que changement et réforme sont difficiles, voire impossibles et surtout non désirés sous nos contrées gauloises. Pourtant, les choses changent, évoluent, se transforment. Malgré nous. Ne serait-ce que par certains effets de leviers peu ou pas maîtrisables : la démographie, l'environnement, les modifications climatiques, les catastrophes naturelles, etc. Mais, vous l'avez compris, les changements ne sont ni voulus ni souhaités par l'homme. D'ailleurs, si à ce stade du livre, vous n'avez pas encore compris, c'est à désespérer définitivement du genre humain. Nous préférons l'immobilisme, le statu quo, la stabilité et la permanence qui n'ont rien à voir avec la paresse. Notre immobilisme est actif comme l'inertie active chère à Donald N. Sull.[1]

Un petit résumé des épisodes précédents n'est jamais superflu. On révise.

_____

1. Une idée développée dans son article « Why good companies go bad », in *Harvard Business Review*, juillet-août 1999, p. 42-52.

Typologie des causes de résistances au changement

Les origines de la résistance au changement sont très diversifiées.

On distingue les causes :

) individuelles ;

) structurelles ou conjoncturelles ;

) collectives ;

Sans négliger les causes individuelles, il semble que les causes structurelles, conjoncturelles et collectives sont souvent sources des premières.

Les causes individuelles

Le changement est générateur d'anxiété pour les individus dans la mesure où :

) Il est synonyme de rupture, de remise en cause ;

) Il contribue à la perte des points de repère antérieurs (spatiaux, temporels, comportementaux, relationnels) ;

) Il favorise les interrogations sur soi, son devenir, sa qualification...

Les causes structurelles ou conjoncturelles

Les résistances au changement en matière structurelle ou conjoncturelle sont en général au nombre de trois :

) Les conditions de travail. *Exemple :* dès lors que l'on développe la spécialisation et que l'individu a longtemps été enfermé dans une façon de travailler, les obstacles au changement s'accroissent.

▶ Le fonctionnement organisationnel de l'entreprise. *Exemple* : Les entreprises qui privilégient un fonctionnement du type bureaucratique suscitent la routine et sont pratiquement toujours en difficulté quand elles sont confrontées à l'exigence de transformations.

▶ Le climat de l'entreprise. *Exemple* : La non-prise en compte du climat de l'entreprise au cours du processus de changement constitue un facteur de risque important.

Les causes collectives

Normes, rites et stéréotypes s'érigent en systèmes de valeurs. Ils déterminent, pour les membres d'un groupe (formel ou informel), ce qui est bien ou non, ce qui est souhaitable ou non, aussi bien au niveau des attitudes que des comportements, des avantages recherchés, et des contraintes ressenties et combattues. Ils favorisent le développement de comportements corporatistes et catégoriels.

Et maintenant, prenez une feuille. Interrogation écrite. Le sujet : Quels sont les différents points de blocage qui empêchent l'avion de décoller ?

JEU DE LOIS

En matière d'immobilisme, il existe des lois pour les incondi-
tionnels de la résistance au changement. Nous dirons même
que certaines d'entre elles sont édictées pour entrer en résistance. Nous en avons dénombré quelques-unes en vous donnant les avantages pour chacune d'entre elles. Elles sont, dans
certains cas, assorties de conditions d'usage. Ce peut être pro-
fitable pour l'utilisateur intensif de ces pratiques.

Loi de l'immobilisme
Plus ça change, plus c'est pareil.

Loi du saule immuable
Plus ça change, moins ça change.

Loi du guépard lampédusien
Il faut que tout change pour que rien ne change.

Loi de l'autruche
Très utile car elle est rapide et très peu consommatrice d'énergie. Elle nécessite seulement un peu de sable fin et une certaine
souplesse pour s'enfouir complètement la tête. Attention toutefois à ne pas prolonger cette position car à la longue, elle procure un torticolis douloureux et une cécité inconfortable.

Loi du petit bonhomme

C'est celle qui est appliquée par nos amis Astérix, Obélix, etc. On l'appelle aussi « loi de l'irréductible village ». Sa dimension collective nécessite une certaine organisation et peut être aussi une certaine dose de potion. Très exception française, elle impressionne les Romains, bien entendu, mais aussi tout observateur étranger soucieux de comprendre les mécanismes complexes de cette loi. Bien employée, elle fait merveille. Encore très prisée, plusieurs organisations l'emploient avec bonheur.

Loi Maginot

Fondée sur une idée simple mais puissante. Il s'agit de se bâtir concrètement une affirmation solide, incontournable, comme l'a été le projet et la construction de la ligne du même nom, de la faire partager à un maximum de personnes et de la tenir pour vérité absolue. Ressassez-la comme un mantra plusieurs fois par jour sans faillir et vous êtes garanti d'obtenir une rigidité collective sans faille.

Loi du bouclier

Son caractère défensif n'échappera à personne. Chaque fois qu'une idée nouvelle vous trouble, qu'un changement même mineur surgit à l'horizon, il est d'usage de brandir le bouclier. Utilisée depuis toujours, cette protection reste aussi efficace. On ne peut la ranger au rang des accessoires tant les applications sont multiples et tant elle rend service. De toutes les lois citées ici, elle est certainement la plus communément usitée.

Loi des tranchées

Quand un projet perturbant est de taille, il peut être opportun de jouer sur le facteur temps. Cette loi préconise d'attendre le plus longtemps possible tout en maintenant ses positions. Pas question de lâcher prise. Il est plutôt recommandé d'user le protagoniste du bouleversement proposé et de le tenir en haleine. Du souffle, du souffle, encore de souffle. Attendez-vous à mener une vraie course de fond.

Loi du hérisson et/ou loi du putois

Pour ces deux approches, c'est pareil. Le hérisson va se manifester de manière kinesthésique, le putois de manière olfactive. Tous deux ne facilitent pas le contact, c'est le moins que l'on puisse dire. Ils expriment sans détour leur hostilité aux projets. Ce n'est pas très sympathique, un peu direct, mais cette loi a le mérite d'être claire. Elle est en général bien utilisée quand les arrières sont assurés ou que le pouvoir de celui qui s'aventure dans cette voie est bien assis. Attention à son abus.

Loi de la moule

Pour ne pas se faire déloger de sa situation privilégiée et conserver tout ce que l'on a pu acquérir au fil de nombreux combats menés par le passé, il existe une loi qui prend exemple sur le moule. Avez-vous déjà observé ce crustacé ? Il est prodigieux. Pas une vague aussi puissante soit-elle n'est capable de le déloger de son rocher. Rivée là, la moule s'accroche, bien cramponnée marée après marée. Appliquée à l'entreprise, il s'agit pour chacun de se doter des mêmes ventouses, des mêmes crampons qui font si bien miracle pour la moule. Les plus beaux crampons, ne les cherchez pas trop loin, ils sont déjà au rayon de la protection sociale, bien disponibles. De toutes nos lois sur les résistances aux changements, celle-ci est la plus répandue et la plus efficace. Inutile de poursuivre à vanter ses mérites, son succès est tel que, dans le registre de l'immobilisme, il devient difficile de faire mieux. Ses utilisateurs sont assez fiers d'avoir atteint un tel niveau de perfection.

Loi de l'affût ou loi du désert des Tartares

Elle concerne nombre d'entreprises qui, hésitant à prendre une direction, à choisir un segment de clientèle, à définir la nouvelle organisation pour mieux répondre aux nouvelles attentes des clients, etc., se tapissent de préférence dans l'ombre ou à l'abri et attendent. Elles attendent quoi ? Qu'une proie passe par là, on ne sait jamais ; qu'un concurrent bouge le premier et ouvre la voie. C'est mieux si l'autre s'aventure le premier et trace la piste. Il sera toujours temps de lui emboîter le pas. Et puis être dans l'expectative, c'est reposant, on a déjà suffisamment à faire comme ça avec le quotidien.

ACCÉLÉRATEURS ET REPRISES POUR OPTIMISER LE PLAN DE VOL

LES VOIES DU CHANGEMENT SERAIENT-ELLES AU BOUT DE LA PISTE ?

Si tu avances, tu meurs,
Si tu recules, tu meurs,
Alors, pourquoi reculer ?

Proverbe zoulou

Embarquement imminent

Même pour le simple envol d'un papillon,
tout le ciel est nécessaire.

Paul Claudel

Nous voici donc au moment fatidique du départ dans la salle d'embarquement. Chacun détient son billet, la destination est à peu près claire. Derrière les sas de sécurité demeurent les hésitants, les trouillards ou les phobiques de l'avion qui sont aussi parfois des claustrophobes, des agoraphobes ou des astrophobes[1], enfin tous ceux qui n'ont pas voulu tenter l'aventure.

Le pilote est à bord, bien calé dans l'un des sièges du cockpit. Il commence à pointer sa check-list. Les passagers montent dans l'avion, un peu émus pour certains, les occasionnels, pour d'autres, mais ils ne sont pas nombreux, une certaine excitation est en train de les gagner. D'ailleurs, ils se mettent près des hublots, ils veulent être les premiers à voir, à participer.

Pour que l'avion puisse rouler librement sur le tarmac, il faut aussi retirer la cale de roue. Cette cale est une toute petite pièce, quand on la compare à l'ensemble de l'avion.

---

1. Rappelons que les astrophobes ont peur des orages et du tonnerre qui peuvent être particulièrement violents en avion. Pour les autres phobies plus courantes, vous consulterez une ou deux fois par jour, selon la gravité du cas, votre dictionnaire habituel.

Mais si on ne la dégage pas des roues, l'avion ne peut pas décoller. Cette cale, à elle seule, représente bien plus qu'un point de blocage. Toutes ces résistances au changement se trouvent concentrées là. À peine visible mais indispensable à identifier et à traiter.

La cale symbolise tous les constats sur les points de frictions que le pilote de l'avion (ou le chef d'entreprise) doit et veut pouvoir percevoir par lui-même. Il ne peut en faire l'économie. Nous avons vu à quel point les types de résistances si variées et si nombreuses pouvaient faire capoter un projet. Nous avons observé que ces préludes n'étaient pas des préliminaires superflus. Le contrôle des choses rationnelles, tangibles, palpables mais aussi économiques et immatérielles est indispensable.

Cette cale représente tout ce que la nature humaine sait si bien déclencher dans des situations de pertes de confort, de peur ou tout simplement de changement d'habitudes. Combien de pilotes sous-estiment ou ignorent tout simplement l'importance de cette cale. Ne pas la retirer ou mal la dégager, nous l'aurons bien compris, compromet toute chance de décollage. Et l'avion reste cloué au sol. Irrémédiablement.

Rassurez-vous, restez calmes. La cale a été retirée dans les règles de l'art par des mains expertes. Le plein de carburant est en train de se terminer. Il est important de rappeler à ce moment précis que la phase de décollage est la plus grosse consommatrice de carburant. L'inertie est telle qu'il faut mettre la puissance et pousser les « watts » pendant toute la phase d'ascension. Il faut que cette masse s'arrache du sol.

Pour les changements, c'est pareil, plein gaz au départ et être extrêmement attentif aux inerties qui peuvent vous ramener avec brutalité au sol. L'étape est délicate et nous allons voir qu'il est indispensable d'obtenir suffisamment d'énergie mobilisatrice dans le cas qui nous intéresse pour que l'avion-entreprise ait quelque chance de décoller.

L'avion va pouvoir quitter sa place de parking.

Un dernier point météo : tout va bien, la fenêtre de tir est correcte. Toutes les conditions sont réunies pour partir. Parée pour le décollage, l'énorme machine volante roule sur le tarmac et se met en bout de piste.

Maintenant notre avion-entreprise est entre les mains du pilote, le devenir des collaborateurs embarqués aussi et dans la carlingue pourtant, certains voyageurs salariés doutent et se posent la question cruciale, la seule question qui vaille : *pour nous conduire à bonne destination, ce pilote a-t-il bien toutes les capacités, les aptitudes et les qualités requises ?*

La formidable inertie
de l'avion-entreprise

La loi de l'inertie s'applique à l'imagination :
nous ne pouvons pas croire que demain différera d'aujourd'hui.

Arthur Koestler

Dans les ingrédients de la conduite du changement, les compétences pour piloter les mutations grandes ou petites sont capitales. Nous l'avons vu dans les précédents chapitres, c'est loin d'être neutre. Pour que les troupes acceptent de monter dans l'avion-entreprise et de suivre le commandant de bord dans ses projets, il faut qu'il dégage une sacrée dose de confiance, qu'il soit porteur d'un charisme enthousiasmant.

L'esbroufe, l'épate, le bluff, la frime, les pseudos talents peuvent-ils suffire ? Bas les masques. Beaucoup de dirigeants ont pu faire illusion, même encore assez récemment. Ces anges exterminateurs se sont brûlé les ailes au jeu du patron charismatique et au rêve mégalo qu'ils incarnaient. Ce magnétisme particulier et indéfinissable qu'on appelle le charisme est-il encore une valeur porteuse, une valeur fédératrice capable d'embarquer toute une collectivité ? Il suffit de lire les journaux économiques et vous avez la réponse. Le début du XXIe siècle a définitivement rompu les ponts avec les années-paillette de la fin des années 1980-1990.

Renouveler son style de management est d'une autre approche et d'un tout autre enjeu. De quoi parle-t-on exactement ? Il s'agit simplement d'acquérir ces bonnes techniques de conduite de changement que chacun peut trouver dans les multiples livres sur le sujet. Ils sont nombreux ces ouvrages qui vous donnent les bonnes recettes : par ici le vade-mecum promettant un parfait pilotage après la lecture du livre d'un éminent gourou du management, par là des séminaires, des symposiums sur le leadership, ailleurs des séances de coaching pour dirigeants en manque d'outils adéquats et adaptés à une situation qui périclite.

L'offre sur ces sujets est inépuisable. Regardez bien, les recettes managériales fleurissent comme l'arbre des Hespérides. Il y a profusion de fruits du succès, promesses de réussite, assurance presque garantie de devenir le manager de l'année.

Le livre que vous tenez entre les mains ne vous donnera aucune recette. Il tentera juste d'ouvrir quelques portes et d'indiquer quelques directions à prendre. Mais, c'est vous qui déciderez. D'ailleurs, il n'y a pas la moindre obligation. Vous pouvez aussi rester comme vous êtes, si vous vous sentez bien dans votre situation actuelle. Si les donneurs de leçons nous ennuient profondément, ce n'est pas pour en être.

Mais alors à qui se fier si l'on veut piloter cet avion-entreprise ? Comment s'y prendre ? Il n'est pas pensable un seul instant d'imaginer que nos élites, énarques, polytechniciens, etc., ne soient pas éduqués au pilotage du changement. Il n'est pas possible que nos dirigeants

n'aient pu acquérir les quelques rudiments de compétences de grand timonier, de suprême commandeur nécessaires à la conduite de grandes réformes.

Vous avez raison de vous en étonner, voire d'être surpris, à
la limite d'être offusqué. Mais, les études de nos grandes
écoles ne préparent pas à ce type d'enseignement. Hormis
quelques MBA pointus, aucun diplôme ne sanctionne cet
apprentissage. Il faudra s'instruire sur le tas et sur le tard.

Faut-il alors exiger de toute urgence une licence de pilotage des organisations ? Une vraie licence avec épreuves
théoriques et surtout des heures de vol attestées démon-
trant une véritable pratique ? Pourquoi ? Tout simplement
parce que le pilotage du changement, c'est vérifié,
reconnu, attesté : ça ne s'apprend pas dans les livres, ni
dans celui-ci, ni dans aucun autre.

À la recherche du point C

*Celui qui n'a pas d'objectifs
ne risque pas de les atteindre.*

Sun Tzu

Malgré nos mises en garde, vous persistez à vouloir apprendre les techniques de pilotage. Si vous vous situez de l'autre côté du miroir du pouvoir, vous souhaitez peut-être aussi découvrir comment ces managers s'y prennent, quelles sont leurs méthodes ? Ont-ils des trucs, des ficelles, des recettes, des procédés, des formules[1] ?

Imaginons que vous soyez un de ces managers déterminé à conduire le changement. Allez dans une librairie, de préférence ayant un rayon bien fourni sur les sujets qui concernent l'homme et l'entreprise et demandez les derniers ouvrages managériaux qui font fureur. Dans votre sélection, n'oubliez surtout pas de regarder la production pléthorique de la grande Amérique. Nous disons la grande Amérique car, en France, nous sommes encore considérés comme des nains en matière de management. Ces ouvrages sont toujours de bon ton et ils en imposent toujours. Le nec plus ultra consiste d'ailleurs à les lire dans le texte.

---

1. Vous noterez que nous n'avons pas écrit « des combines ». Non seulement le mot est désuet mais il a une forte charge négative. Ce serait faire un mauvais procès d'intention aux dirigeants qui ont déjà fort à faire en dirigeant.

Vous pourrez restituer la dizaine d'expressions qui épatent l'entourage tant les mots lâchés sont magiques. À titre d'exemple en voici quelques-uns :

- *empowerment* ;
- *downsizing* ;
- *reengeneering* ;
- *benchmarking* ;
- TQM ;
- Six Sigma ;
- etc.

Faites l'essai en français, vous verrez, ça passe moins bien. De grâce M. Allgood[1], revenez de toute urgence, il y a du travail pour vous.

Au premier ouvrage lu ou même parcouru, vous constatez que la mise en application devient délicate, voire incertaine. Les gourous dans le management, comme en matière culinaire, se font chantres de prodiges et de merveilles. Les écouter, s'ils sont bons orateurs, flatte l'oreille. Mais là encore que de désillusions. De retour à son poste de pilotage, le conducteur du changement est perplexe. Le passage des théories aux bonnes pratiques reste une étape complexe. Ces grands chefs du management vous donnent bien les ingrédients de leur recette, mais se gardent bien de vous livrer le tour de main qui va avec et qui fait toute la

---

1. Jacques Toubon est l'initiateur de la loi n° 94-665 du 4 août 1994 relative à l'emploi de la langue française dite « Loi Toubon ».

différence. Il y a fort à parier que, de guerre lasse, bon nombre de dirigeants se laissent reprendre par une boulimie de lecture rassurante.

De déception en déception, tourmenté par cette quête obsédante du point C du changement, notre pilote tâtonne, s'essaie, interprète et, à la fin du compte, se fait une religion de ses propres expériences. Au fil des événements, du temps, de la conjoncture et des enseignements tirés du passé, il se crée son échelle de références personnelle et ses propres recettes.

D'ailleurs, ce fameux point C du changement existe-t-il vraiment ? Même si les recherches continuent activement pour essayer de le localiser, les spécialistes du changement en doutent. Personnellement, après des années d'investigations qui nous ont conduit à écrire ce livre, nous ne l'avons pas encore découvert. Nous ne nous hasarderons pas donc à vous mettre sur sa piste. Nous vous recommandons plutôt, comme pour la quête du Graal, d'en faire un but inatteignable, une inaccessible étoile. Vous l'avez compris : il vous faudra plus d'une vie pour accéder à la sagesse managériale.

Les méthodes pour rien changer

L'absence de système est encore un système,
mais le plus sympathique.

Tristan Tzara

Les recettes proposées dans cette littérature peuvent vite se révéler des contre-recettes. Pour faire bouger un groupe d'individus, dans le langage de consultant on préfère dire organisation, il existe toutes sortes de systèmes. Pour la simplicité de l'exposé, nous pouvons les ranger en deux grandes catégories : les systèmes mécaniques et les systèmes des fluides.

Dans la première catégorie, nous trouvons tout ce qui a trait aux structures et aux procédures de l'entreprise. Pour faire court, on pourrait assimiler cette première catégorie à une succession de cases à remplir dans lesquelles on fait entrer, pêle-mêle, les postes, les tâches et les fonctions.

Dans la seconde catégorie, nous trouvons les fonctionnements, les comportements et les pratiques de l'*homo sapiens* de base. Ces fonctionnements sont au nombre de quatre :

▶ la relation à l'autre ou le rapport manager-managé ;

▶ la relation aux autres dans une collectivité désignée ou le travail d'équipe ;

▶ la relation d'une collectivité désignée à une autre collectivité désignée ou le travail transfonctionnel ;

▶ la relation à soi.

En fait, une entreprise fonctionne comme une boîte de vitesse. Pour que l'énergie puisse faire avancer le véhicule, les engrenages de la boîte doivent être correctement lubrifiés. C'est cette rencontre de la mécanique et des fluides qui permet d'avancer. Pour le changement ou la mise en mouvement, c'est pareil.

Qu'observe-t-on ?

D'un côté, les préceptes de la première catégorie, les systèmes mécaniques, sont sous la pression de normes internationales clairement identifiées. Certifications de tout acabit, protocoles compliqués, cahiers des charges sophistiqués, etc. Tout est balisé, validé, verrouillé. L'ensemble des procédures est écrit et mis en fiche. Nous sommes bientôt sur le point de dépasser les Egyptiens dans leur art consommé du hiéroglyphe. Il faut dire que les sciences dures et la poussée technologique qui en découle ne nous laissent guère de choix. Dans ce système, la mise en mouvement est cadrée ; rien n'est laissé au hasard, tout est prévu.

Rien de plus facile que de constater le pas de géant technologique gigantesque effectué en regardant les 455 tonnes de l'airbus A380 décoller du sol avec grâce. Depuis Clément Ader[1], le progrès en aéronautique est incontestable mais surtout quantifiable, mesurable. Hier encore, les

---

1. Le 9 octobre 1890, dans le parc d'un château de Seine-et-Marne, à l'abri des regards indiscrets, l'Éole parvint à parcourir environ 50 mètres à 20 centimètres du sol.

défenseurs des zeppelins (les pros du plus léger que l'air) se battaient dans une lutte sans lendemain contre le camp des vainqueurs d'aujourd'hui.

Dans l'autre système, celui des fluides, nous nous situons dans le domaine de la relation humaine. Ses préceptes sont hasardeux, aléatoires, souvent discutés et discutables. Ils sont qualifiés, avec un mépris avoué par les adorateurs de l'autre système, d'éléments constitutifs de la science molle. En matière de sciences molles ou sciences humaines, les progrès réalisés sont toujours assez peu perceptibles et c'est dans ce domaine que de nombreuses théories se font et se défont. La relation humaine a-t-elle suivi le même chemin du progrès? Certainement, mais les instruments de mesure pour le vérifier n'existent pas encore.

Dans le langage des dirigeants, cette fluidité s'appelle plutôt réactivité, employabilité, mobilité… rien que des « té » faciles à écrire et à décréter. Mais voilà, pour mieux être au service de l'organisation, ces incantations tournent vite à la stérilité. N'avez-vous pas remarqué d'ailleurs que plus on les exprime, plus ils produisent des effets opposés ?

Je ne veux voir qu'une tête !

L'immobilité est le plus beau mouvement du soldat.

Caran d'Ache

Pour un dirigeant, la maîtrise intelligente et subtile des individus et d'une collectivité est un véritable enjeu. Mettre « *ses troupes* » en alignement est bien sûr le rêve de tout dirigeant. C'est tellement une nécessité que, lors de l'une ses conventions mondiales, une entreprise n'a pas hésité à présenter le panneau autoroutier à l'ensemble de ses cadres figurant sur la ligne verticale le terme « *alignement* » et sur la voie de dégagement le mot « *exit* ». Là, au moins, le message était parfaitement clair. Je ne veux voir qu'une tête !

La mise en mouvement est régie au départ par le contrat de travail qui est un lien de subordination. Tout le monde en conviendra, cette promesse synallagmatique écrite aujourd'hui ne suffit plus. Du salarié au cadre supérieur, en passant par les managers de proximité, quand on parle d'alignement et donc d'engagement, tout dirigeant normalement constitué doit se poser quelques questions opportunes sur la pertinence de sa demande, sur la légitimité de son exigence.

Les béotiens ont souvent tendance à confondre motivation et mobilisation. Rien à voir. La motivation est la force qui pousse un individu à agir. Par exemple, une augmentation de salaire, la proposition d'une formation ou l'avantage d'utiliser une voiture de fonction sont des « carottes » proposées aux collaborateurs pour augmenter leur niveau d'implication.

La mobilisation est, quant à elle, la force qui pousse un ensemble d'individus à agir dans une direction donnée. Les séminaires, les conventions ou les grandes messes annuelles sont des opérations de mobilisation. Ces actions produisent des effets plus ou moins heureux et même parfois des effets contraires. Les succès de telles démarches deviennent de plus en plus aléatoires car les collaborateurs ont envie d'entendre un discours nouveau. Le systématique semble engendrer indifférence, léthargie ou résistance passive.

C'est vrai, les collaborateurs ont déjà beaucoup donné. Ils semblent atteints d'une perplexité certaine face à toutes ces méthodes et ces pseudos ou ces faux concepts. *« Les cadres en ont marre »*, titrait récemment le magazine *l'Expansion*. Ils finissent par gonfler les rangs des engagés à moitié pour garnir les cohortes de désabusés. Dans l'un des derniers « baromètre stress », réalisé par la CFE-CGC en février 2005, 43 % des cadres interrogés estiment être mal informés sur la stratégie de leur entreprise.

De recettes éculées en formules avachies, on en arrive à des anti-recettes. Le collaborateur de l'entreprise réagit comme un rat blasé. Mithridatisé à l'appât, il est devenu méfiant. Le bout de fromage rance sur la tapette, c'est du déjà vu, il tourne autour et s'en désintéresse. Il ne le consommera pas. C'est pareil avec les outils de manage-

ment destinés à donner de « *l'élan* » aux collaborateurs.
Toutes les actions mises en œuvre pour motiver l'individu et mobiliser le groupe tombent à plat, si elles ne sont pas expliquées par leurs auteurs et comprises par les intéressés.

Cet effort de communication, utilisant des outils adaptés, jugé parfois superflu par les dirigeants ou les comités de pilotage du changement, est une étape incontournable. Expliquer et expliquer encore, inlassablement. *Cent fois sur le métier*... Tout le reste est littérature.

Ce n'est pas beau de copier

La mode est avant tout un art du changement.

John Galliano

Le copier-coller de recettes managériales est désormais pratique courante. Il est presque devenu réflexe, sinon une vilaine manie. Steve Jobs[1] nous a insidieusement conditionné. Cette façon de travailler est un vrai changement, une véritable révolution planétaire, silencieuse et intégrée par tous les utilisateurs d'ordinateurs. Mais, en matière de management, cette transposition systématique, pour ne pas dire cette imitation paresseuse, recèle en soi quelque perversité. Appliquer une règle, une méthode ou une formule à une organisation incapable de la digérer dans l'état, en croyant à leur caractère universel, est une hérésie malheureusement usuelle.

Combien d'entreprises ont prôné la mise du client au centre de leurs préoccupations, parce que c'était la mode tout simplement ? Combien d'organisations ont imité, dans les moindres détails, le modèle de management affiché par une entreprise exemplaire. Ces prototypes référentiels, observés dans d'autres structures organisationnelles et plaqués sans la moindre distanciation criti-

---

1. Le fondateur d'Apple et auparavant du MacIntosh, inventeur du copier-coller.

que, provoquent, de la part des salariés, sourires affligés, mais aussi perplexité, défiance, suspicions légitimes, méfiances justifiées et, dans les cas extrêmes, rejet total du greffon inadapté.

Une entreprise du secteur du bâtiment dont nous tairons le nom, avait, pour les besoins de mise à niveau de son offre de services, dupliqué une action qui s'était révélée être un réel succès dans une autre organisation du même type. Son nom de code : « *Tous au top* ». Peu après son lancement, dans les couloirs, à la cantine, (quel bel outil de mesure d'appropriation ou de rejet d'un projet, la cantine !) les collaborateurs, de l'employé au cadre, ont très vite réagi. Dans un premier temps, ils se sont interrogés sur la nature du projet, puis ils se sont montrés très dubitatifs sur sa finalité. Ensuite, ils l'ont qualifié de différents sobriquets moqueurs jusqu'à retenir pour finir un nouveau nom de baptême : « *Tous au flop* ». Un surnom qui a raisonné sur tous les sites et qui a fait le tour de l'entreprise. Nous vous laissons le soin de deviner la suite et la fin désastreuse de cette courte aventure de copier-coller hasardeux.

L'enseignement à tirer de cet épisode pitoyable nous semble lumineux : chaque entreprise recèle sa spécificité et possède sa personnalité propre. Les rythmes de changement de l'entreprise X ne peuvent être les mêmes que ceux de l'entreprise Y. Peut-être un jour, les entreprises de conseil en management qui vendent des modèles prêts à l'emploi le comprendront-ils ?

Les agités du bocal

L'habitude nous fait comme une seconde nature.

Cicéron

Prenons maintenant les principes managériaux que l'on se fait fort de nous enseigner au cours de diverses formations. N'avez-vous jamais remarqué que, d'un intervenant à un autre, des écarts d'interprétation troublants existent sur des préceptes donnés pour dogmes universels ? Difficile par ailleurs d'éviter le classique constat du décalage entre le travail en salle et la mise en application sur le terrain. Nous appelons cet écart, ce delta différentiel, *le syndrome du bocal à cornichons.*

Si nous comparons, dans un parallèle osé, une organisation à un bocal à cornichons, vous allez comprendre tout de suite où nous voulons en venir. Le manager, désirant améliorer son « *leadership* », sort de l'entreprise, donc du bocal à cornichons. Il suit une formation, pointue de préférence et experte en matière de techniques de management. Ce séminaire spécialisé peut durer plusieurs jours, voire plusieurs semaines. La tête bien pleine, armé des meilleures doctrines managériales, du genre de celles qui assurent la réussite – c'est en tout cas ce qui est écrit sur le document remis en sortie de stage –, notre manager retourne dans l'entreprise et retrouve ses collaborateurs. Que croyez-vous qu'il arrive ? La pression du bocal à cornichons est tellement forte que notre nouvel érudit en techniques de management récupère au bout de quelques jours, de quelques semaines pour les plus combatifs, la plupart de ses anciens réflexes, ses anciens travers, en fait, son statut ordinaire de cornichon. On vous avait prévenu que la métaphore était un peu hardie.

La morale de cette histoire vous appartient. Vous pouvez en tirer les leçons que vous voulez. Car vous avez certainement déjà vécu ce type d'expériences ou vous avez pu observer des managers revenir de formation. Vous n'avez donc pas besoin que l'on fasse le travail à votre place. Pas question pour nous de vous donner des solutions toutes faites ou des recettes lyophilisées, en sachet, prêtes à l'emploi.

Les dogmes venus d'ailleurs passés par le tamis du copier-coller, les ordonnances formatées préconisées par les spécialistes du management, peuvent vite se révéler des contrevérités dès lors que les dispensateurs de théories restent cantonnés dans leur rigidité sans prendre en compte les besoins réels du groupe ou les aspirations profondes de l'individu. C'est la remise en question qui apporte des réponses. Nous n'irons pas plus loin, au risque de vous donner une recette.

Le carburant du changement

Le talent seul ne suffit pas,
derrière il doit y avoir un homme.

R.W. Emerson

Nous espérons que vous n'aurez pas le mal de l'air ; nous sommes encore dans l'avion. Sa mise en mouvement, sa vitesse pour pouvoir décoller dépend du carburant qui arrive aux réacteurs. C'est lui qui procure, au travers de ces réacteurs, la poussée nécessaire pour réaliser toutes les manœuvres. En matière de changement, ce carburant porte un nom : la **mobilisation**. Une des missions principales du pilote consiste à surveiller à chaque instant le niveau d'énergie dont il dispose. Ce travail, il le fait avant de décoller, en cours de vol et pour toutes les manœuvres délicates. La moindre perte de vitesse, la plus petite difficulté d'approvisionnement en énergie en cours de vol, et c'est le décrochage… et surtout le risque de crash.

Le nœud du problème réside donc dans la capacité à mettre sous tension l'avion-entreprise pendant ces différentes phases du vol. Cette charge, cette responsabilité, cette fonction revient au commandant de bord. Il doit mobiliser l'énergie de l'ensemble des collaborateurs de l'organisation sur le projet, sur le cap à prendre. C'est ici que tout son talent va devoir se révéler.

Vous avez dit talent ?

En effet, car quand on peine à expliquer les succès, à bien identifier les compétences-clés chez un individu, on préfère utiliser en raccourci le mot talent. D'ailleurs, la capacité à mobiliser est peu évoquée dans le monde des managers. Dans le sport et plus particulièrement les sports collectifs qui s'identifient mieux au monde de l'entreprise, le principe de mobilisation d'une équipe est pratique courante. La puissance du phénomène de mobilisation est telle que supporters et téléspectateurs se trouvent portés, transportés, électrisés devant les enjeux nationaux. Il suffit d'observer dans un stade la beauté d'une *ola*. Outre son effet esthétique, cette mise en mouvement spontanée d'une foule, cette onde traduit bien le niveau d'énergie dégagée. Cette intensité de force collective est tellement grande qu'elle peut durer et constituer une réserve de dynamisme mobilisable ailleurs.

S'il en a la disposition, la capacité ou bien *le talent*, le dirigeant d'entreprise peut lui aussi, dans le cadre de ses projets de changement, provoquer cette propagation d'énergie.

Il y a quelques principes, ni règles ni recettes, qui déclenchent et maintiennent la mobilisation des énergies collectives. Ces principes auxquels nous allons faire référence sont même des anti-dogmes. Ils font appel à la nuance, au subtil, au flou. Ils peuvent par certains côtés être très déroutants.

Mais, avant d'allumer le feu sous le chaudron de la mobilisation, le dirigeant, sorte de druide doué de pouvoirs prodigieux, grand faiseur de potion magique, doit récolter quatre ingrédients de base. Chacun d'eux est un paradoxe qui nécessite une préparation particulière.

Les quatre épices
à l'usage du dirigeant
schizophrène

Si vous n'êtes pas capables d'un peu de sorcellerie,
ce n'est pas la peine de vous mêler de cuisine.

Colette

Pour mobiliser, le dirigeant doit incorporer dans la préparation de cette mixtion quatre paradoxes de base :

▶ Le premier est relatif au temps. Il peut être défini comme le rapport entre le court terme et le long terme ;

▶ Le deuxième est relatif à l'espace. Il est un arbitrage entre le local et le global ;

▶ Le troisième est d'ordre économique. Il concerne les engagements financiers et la délicate recherche d'équilibre entre l'effort déployé et le résultat obtenu ;

▶ Enfin, et ce n'est pas le moindre, le quatrième est la relation entre l'implication individuelle et l'implication collective.

Chaque paradoxe peut-être assimilé à une épice. De l'alliance de ces quatre épices, il peut sortir un assaisonnement délicat ou un mélange grossier. Bien dosé, il donnera puissance et personnalité à la cuisine du chef. Mal dosé, le plat présenté sera immangeable.

Le talent de notre commandant de bord va consister à mettre ces quatre épices dans le chaudron de la mobilisation. Il doit prendre un soin extrême dans l'assemblage. Sous-dosée, la potion sera sans relief et n'intéressera que peu de monde. Sur-dosée, elle peut déclencher des stratégies de fuites et de rejets. En plus, si elle laisse un arrière-goût amer au lieu d'un goût de *revenez-y*, il y a peu de chance qu'on puisse repasser le plat. Un peu comme pour un remède, poison à l'état brut, qui se révèle, dans des proportions étudiées, un médicament efficace. Tout est dans le dosage. L'important, c'est la dose.

L'autre difficulté réside dans le caractère antithétique de chaque paradoxe. Leur maniement nécessite doigté et subtilité. On a vite fait de transformer la potion magique en un infâme breuvage. Il y a par ailleurs une sorte de schizophrénie à vouloir absolument accorder deux antagonismes. Voilà pourquoi on invoque le talent, ce petit rien qui fait tout, dans la mise en œuvre des contraires. Le dirigeant va devoir conjuguer des extrêmes, concilier l'inconciliable, combiner très concrètement dans ses décisions le court terme et le long terme, penser en double dimension sur le plan de l'espace, le local et global etc. Il lui faut, nous le voyons bien, des vertus de sorcier pour réaliser une telle alchimie du succès, pour résoudre cette quadrature du cercle.

Court terme, long terme, ce n'est qu'un début, continuons le débat

Les moyens termes sont toujours des moyens ternes.

Frédéric Dard

Tout oppose le court et le long terme. Le divorce n'est pas encore prononcé mais depuis quelques décennies, ils font chambre à part. Il faut dire que le court terme s'est taillé une place gigantesque. Presque exclusive. Le court terme occupe pratiquement tout l'espace dans l'entreprise. On ne parle que de lui et on lui réserve le meilleur de la technologie : écran Reuter donnant en instantané les cours de bourse, GPS[1] permettant de suivre faits et gestes de certains collaborateurs, un simple clic et voici votre chiffre d'affaires consolidé au niveau mondial apparaissant sur votre écran, minute par minute, grâce aux caisses enregistreuses reliées à un système centralisateur, photos et caméras numériques donnant en direct la couleur et la température de la pièce où vous vous trouvez, etc. Notre horloge biologique est un peu chahutée par tous ces nouveaux rythmes et ces nouvelles cadences.

---

1. Global Positioning System.

L'instantané est omniprésent. Et pourtant, l'appui empressé du dirigeant sur le bouton du déclenchement du changement est loin de bien fonctionner. Cette immédiateté reste insuffisante et ne résout pas tous les problèmes. Il y a des besoins de mise en perspective, des exigences de sens, des nécessités impératives de lumière de phare pour mieux identifier la route sur laquelle on doit se diriger ou être dirigée.

Cette mise en perspective permettant de trouver le cap ne sera possible que si le court et le long terme se remettent en ménage. La cohabitation est plus que souhaitable ; elle est fortement recommandée. C'est cette alliance antithétique qui fera toute la différence et qui permettra au dirigeant d'embarquer le maximum de collaborateurs dans l'avion-entreprise.

Réintroduire le long terme implique d'aborder les notions de vision et d'ambition. Les plats servis aujourd'hui dans l'entreprise sont en général jugés sans saveur. L'absence de piment, de rêve d'aventure et de curiosité rend insipide la vie au travail. Pourquoi devrais-je changer mes habitudes alors même que la question « *pourquoi devrais-je aller travailler ?* »[1] taraude tant de salariés ?

Vision est un mot plus politiquement correct que rêve, que les dirigeants rechignent à utiliser, tant il est connoté péjorativement. Les managers ne sont pas des rêveurs. Il n'y a pas de place réservée à l'onirisme. Peu importe, vision ou

1. Éric Albert (collectif), *Pourquoi j'irais travailler – À l'usage de ceux qui ont de la peine à se lever le matin*, Éditions d'Organisation, 2003.

rêve, les deux termes invitent à l'imaginaire et titillent l'imagination, cette folle du logis selon Pascal. Les grands stratèges, militaires ou capitaines d'industrie, reconnus pour leur don à lever des armées et à soulever l'enthousiasme, ont en commun la capacité de faire passer une vision fédératrice auprès de leurs troupes.

Mais, trop conditionné par l'immédiateté, par la pression de l'actionnaire et de son corollaire, le cours de bourse, le dirigeant peine à se sortir de la spirale du court terme. Évidemment, c'est plus confortable, mais totalement inefficace pour mobiliser.

On savait les dirigeants paranoïaques[1] ; ceux, un peu schizophrènes, qui arrivent à marier court et long terme peuvent être qualifiés de **gestionnaires/visionnaires**. Ces grands fauves appartiennent à une espèce très rare. C'est pour cette raison qu'ils sont très recherchés par les chasseurs… de têtes.

---

1. Andrew Grove/Marie-France Pavillet, *Seuls les paranoïaques survivent*, éd. Village Mondial, 2004.

Global et local, adversaires et partenaires du mondial

Penser global, agir local.

ATTAC (Association pour la Taxation
des Transactions financières pour l'Aide aux Citoyens)

Nous connaissons tous l'adage, « *Penser global agir local* » et vice-versa. Écologistes et altermondialistes utilisent cette formule comme slogan. Depuis quelques mois, l'actualité nous rappelle à son bon souvenir. Bien que les distances géographiques soient réduites par les moyens de communication actuels, la relation que l'homme entretient avec son environnement géographique est un autre paradoxe à intégrer dans notre potion.

À cause de la mondialisation des échanges, le pilotage des entreprises s'est effectué ces dernières années à partir de la lecture d'un seul paradigme : celui de la planète. La recherche du gigantisme, des économies d'échelle, du « je veux être le plus gros, le plus grand » a conduit à raisonner global et mondial. Le feu en fusion-acquisitions s'est propagé à tous les secteurs d'activité. Personne n'a été épargné. Le produit unique, les procédures uniques, les systèmes d'informations intégrés uniques du type ERP[1],

---

1. Enterprise Resource Planning.

véritable rouleau compresseur de la normalisation, se sont répandus comme traînées de poudre.

La mobilisation, notre leitmotiv, s'accommode mal du *global*. L'homme reste par essence accroché à son pré carré, à son espace local. Ses racines sont bien ancrées au sol. Coupez-les et vous obtenez un collaborateur-zombie, difficilement mobilisable, qui ne sait même plus où il habite.

En fait, ce collaborateur, vous le croisez déjà dans votre entreprise. Il se multiplie par une sorte de contagion qui n'a rien avoir avec une quelconque émulation. C'est la mondialisation qui le procrée. Facilement identifiable, il a souvent un pied dans un avion, l'autre dans un hôtel dont il ne reconnaît même plus l'enseigne tant ils sont identiques. Bien souvent, c'est impossible de lui parler, vous ne pouvez le joindre que par courriel. Il adore en recevoir des monceaux. D'ailleurs, il montre une certaine fierté à déclarer à son entourage le nombre de messages journaliers reçus.

Entre la centralisation et la décentralisation, quel équilibre trouver ? L'alignement, le « je ne veux voir qu'une tête », tellement efficace en d'autres temps pas si lointains, devient de plus en plus délicat à manier. Les cultures *pays*, les spécificités *clients* réclament aussi de l'adaptation et de l'autonomie locales. Combien de décisions sont peu ou mal appliquées par excès d'autorité, ou encore manque d'ajustement, quand ce n'est pas les deux à la fois. Le collaborateur de l'entreprise ne sait plus à quelle sainte administration se vouer. Il est tiraillé entre les normes locales et les directives supranationales, édictées par Bruxelles. Il a bien du mal à s'insérer dans ce nouveau tissu réglementaire complexe parce qu'étroitement imbriqué et compliqué parce que difficilement compréhensible. Il peut être tenté de se déconnecter des nouvelles règles du jeu ou encore faire semblant de les intégrer. La nature humaine est pleine de ressources.

Pour que la potion produise de véritables effets mobilisateurs sur les collaborateurs, de nouveaux dosages doivent être essayés et adoptés. Agir local peut être un ressort important du changement. Mais, dans le cas d'une transformation importante, transfrontalière, penser global sera la seule issue. Local et global, les deux font la paire. Des frères ennemis... désormais inséparables.

Coût et bénéfice,
les faux jumeaux

*L'argent ne doit pas coûter plus cher
que ce qu'on retire de lui.*

Jocelyne Felx, *Les petits camions rouges.*

Quel beau paradoxe que celui du coût et du bénéfice. En voilà deux qui tantôt s'adorent, et tantôt se haïssent. Un paradoxe qui peut se décliner sous des angles différents et suffisamment épicé pour s'intégrer à la potion du dirigeant schizophrène. Tout d'abord, sous forme de ratio, les experts financiers s'en régalent à longueur d'année. *« Je mets tant au pot et mon apport de fonds me rapporte tant »*. Non, ce n'est pas une partie de casino, mais ça pourrait y ressembler par certains aspects. Ce ratio a des applications universellement connues des places boursières : optimisation d'investissements, recherche de création de valeurs, calcul des primes d'intéressement, etc.

Pris dans un sens plus large, on peut considérer aussi pour ce paradoxe qu'il s'agit en fait de recherche d'équilibre entre l'effort déployé et le résultat obtenu. Par résultat, nous entendons parler de gain qualitatif.

Considérée de la sorte, cette épice fait l'objet d'attentions multiples de la part des tous les acteurs impliqués, gravitant à l'intérieur et hors de l'entreprise. D'inévitables antagonismes apparaissent du fait des points de vue divergents et de la diversité de positions prises. Chacun veut bien sûr tirer partie de cette situation. Le rapport coût/bénéfice est un des condiments les plus délicats à incorporer à notre potion. Entre l'actionnaire qui, avec fébrilité, cherche le maximum de rendement pour une mise minimum, le client qui, pour le produit acheté ou le service délivré, veut en avoir le plus possible pour son argent et le collaborateur qui, selon son niveau d'implication du moment, veille à optimiser son temps de travail par rapport à son temps privé pour un salaire donné, les risques de turbulences pour notre avion-entreprise sont grands.

La mobilisation des collaborateurs va dépendre des qualités de pilotage du manager et de la façon avec laquelle les dosages entre les différentes parties prenantes seront effectués. À la manière de Salomon muni de son sceptre, le pilote doit peser, discerner et trancher les gains de chacun en regard des efforts fournis. L'équilibre n'est pas facile à obtenir dans ce genre d'exercice. Pour maintenir une certaine assiette de vol pendant tout le voyage, le doigté et l'expérience dans l'utilisation des commandes feront toute la différence. Un arbitrage équitable ou reconnu comme tel entre les gains de chacun sera de nature à estomper les tensions des passagers et entre les passagers. Au contraire, peut survenir une plus grande envie à poursuivre le voyage ensemble, à continuer de concert l'aventure.

En raison de son instabilité et de sa volatilité, notre épice nécessite un contrôle de chaque instant. On ne pourrait imaginer que notre potion ne tourne en huile à la manière d'une mayonnaise ratée. Les tableaux de bord ont été créés pour éviter ce genre d'inconvénient. Des soins particuliers et une attention de premier ordre entourent les résultats de l'entreprise. Rien n'est trop beau pour eux. Il faut préciser que lorsque l'on parle de résultats ici, c'est de chiffres dont il s'agit. Étaler beaucoup de données quantifiées est rassurant pour tous les acteurs, l'actionnaire, le client, le salarié mais aussi, bien sûr, le dirigeant. Le chiffre, c'est la rationalité, le tangible, le palpable, l'étai des certitudes. Les chiffres ne ressentent pas d'émotion et puis, il faut bien amortir les investissements mis dans les ERP, ces outils tellement conditionnés et contraignants qu'ils feraient entrer un bœuf dans une éprouvette.

Dans ces océans de chiffres, les collaborateurs peuvent s'ébattre, s'ébrouer, s'éclabousser, et même nager avec volupté. Mais, attention, on a vu certains salariés engloutis par une mauvaise vague, emportés par une lame de fond et couler à pic. Une récente étude nous montre que ces cas se multiplient. Selon des témoins dignes de parole, leurs derniers mots avant de passer de vie à trépas ont été : « *Trop de chiffres tuent le chiffre* ».

A-t-on jamais vu des chiffres mobiliser des hommes ? Tableaux de bord, *balance scorecard* et *reporting* sont nécessaires, mais les chiffres froids par nature doivent trouver leur traduction en actions bien concrètes sous peine d'avoir un effet démobilisateur. Leur saupoudrage bien dosé sera du meilleur goût sur notre potion magique.

Collectif d'individus

*La fourmi est un animal intelligent collectivement
et stupide individuellement ; l'homme, c'est l'inverse.*

Karl von Frich

Il y a très longtemps, pour faire travailler un collaborateur, il suffisait de se mettre d'accord sur les tâches à accomplir et de s'entendre sur un salaire. Le tout était consigné au départ sur un parchemin, qui, au fil des ans, s'est sophistiqué et s'est appelé contrat de travail. L'obéissance et la conscience professionnelle permettaient a minima de faire fonctionner de manière satisfaisante le système. Le lien de dépendance était fort. Le dirigeant avait une vraie aisance de pilotage. L'avion-entreprise était bien manœuvrable.

Cette pratique a encore cours de nos jours. Cependant, la subordination qui fait normalement partie du contrat de travail s'est grippée. Nous l'avons illustré dans les précédents chapitres à maintes reprises. N'y revenons pas. Le lien contractuel est un lien tendu, même hypertendu. Il a désormais l'allure d'un élastique très bandé. Difficile de le tendre plus. Ce lien sous tension extrême convient encore pour les tâches courantes et basiques. Pour les changements qui nécessitent des engagements collectifs importants, c'est devenu mission impossible. Il faut passer à autre chose, imaginer d'autres modes de relations, si le créateur de tension ne veut pas se prendre l'élastique dans la figure.

L'association des dimensions individuelle et collective est la quatrième épice à incorporer dans notre chaudron. L'assaisonnement est complexe. Il n'est pas aisé de trouver la bonne position du curseur entre les attentes individuelles, voire individualistes, des collaborateurs et l'accession à un niveau optimal de mobilisation pour l'organisation. Pour notre pilote, pas question de voir descendre tout ou partie de ses passagers à la première escale. Développer le jeu collectif tout en intégrant les attentes individuelles, voilà où se situe le défi. Par le nombre de ses ingrédients, ce condiment nécessite à lui seul une préparation particulière. Il ne peut être jeté en l'état dans notre marmite.

Sur le plan individuel, la barre est déjà placée très haut. Pour ceux qui n'ont pas pris leurs précautions, les cigales des ressources humaines, une prochaine guerre impitoyable est promise : la guerre des talents[1]. De quoi s'agit-il ? Tout simplement d'une future pénurie d'expertises où l'on verrait même pour certaines catégories de salariés une inversion du marché de l'emploi entre la demande et l'offre. Pour y remédier, est nécessaire une vraie prise en compte des attentes des collaborateurs, une véritable écoute de leur demande pour les fidéliser et attirer les meilleurs. La relation contractuelle travail-salaire doit pouvoir être revisitée. Elle relève de l'initiative du pilote. Avant de procéder à l'embarquement de chacun dans l'avion, c'est à lui qu'il revient d'instaurer un dialogue et une compréhension plus fine des motivations de ses collaborateurs. À lui d'éta-

---

1. Ou la guerre des étoiles, c'est pareil.

blir de nouvelles règles de jeux dépassant le discours et les pratiques classiques de rétribution pour que chacun puissent trouver sa place pendant le voyage.

La réussite du passage de l'obéissance à l'adhésion passe aussi par les relations interpersonnelles. Pourquoi telle équipe gagne, alors que telle autre échoue ? Il est difficile de trouver encore aujourd'hui les bonnes explications sur le fonctionnement d'équipe. Cela reste du registre de l'alchimie. Bien sûr, des méthodes existent : saut à l'élastique[1], course d'orientation nocturne, stage de régression collective, *team building*, système d'intéressement sur objectif d'équipes passant par un calcul d'intégrale (oui, vous avez bien lu, ça existe, nous l'avons déjà rencontré) Pour les résultats, nous ne nous prononcerons pas. Interrogez plutôt les managers qui ont mené ce type d'expérience.

Les coopérations en entreprise s'accommodent en fait plutôt mal du décret et de la figure imposée. Elles peinent à trouver leur place car les autres collectifs traditionnels que sont la société et la famille exercent un effet de halo pesant. On peut en revanche créer les conditions de contribution et susciter un état d'esprit. La solution repose sur le niveau d'investissement personnel du pilote, participation totale de cœur et de corps. Cet effort, cet engagement démontré du dirigeant, a toutes les chances de provoquer, sur l'ensemble de la chaîne managériale, un mimétisme de ses propres comportements. Pour porter les

---

1. Ce n'est pas le même élastique que l'on a vu plus haut, il ne serait pas assez résistant.

projets de changement, il s'agit de jouer sur la contamination positive, levier de la mobilisation d'énergie ; et aussi de contrecarrer dans l'entreprise la mise à l'épreuve des collectifs traditionnels.

Tricoter de l'individuel avec du collectif, ou inversement, relève du casse-tête chinois, de la quadrature du triangle ou de l'introduction d'une grenouille vivante dans une bouteille. Le mélange n'est pas très miscible, on vous le concède. Mais, si le vinaigre et l'huile arrivent à donner une vinaigrette, si le noir et le blanc ensemble se transforment en gris, il n'y a pas de raison pour que l'individuel et le collectif ne fassent pas alliance. Pour cette épice, c'est pareil. Il suffit de bien secouer le shaker. Mais pas question pour nous de vous donner la recette du cocktail. À vous d'en définir les doses. Agitez ! Agitez ! Agitez encore, avant de verser la mixtion de l'individuel et du collectif dans le chaudron.

Le liant ou l'adjuvant chef

La corde à lier les pensées n'est pas encore tressée.

Proverbe scandinave

L'incorporation des ingrédients sans suivre une logique particulière impose le flou comme le nouveau mode de lecture et le principe d'action de base. Les dosages sont infinis et en plus, ils sont relatifs à l'environnement, au caractère du pilote, à son mode de commandement, à la culture de l'entreprise, aux exigences du client, de l'actionnaire, etc. La logique floue, c'est du dernier sérieux en matière de management. L'industrie y recourt de plus en plus abandonnant le tout ou rien trop binaire. Le flou, c'est la nuance. Appliqué au management, c'est aussi la possibilité de trouver des solutions mieux adaptées au contexte et de sortir des dogmes. C'est de l'anti-recette.

Notre chaudron est désormais rempli de bons produits. En mélangeant bien, on voit des grumeaux apparaître ici et là. C'est loin d'être le breuvage tant espéré. Au premier coup d'œil, les grands cuisiniers vous diront qu'il manque l'essentiel : le liant. Ce fameux presque tout ou je-ne-sais-rien, enfin ce petit quelque chose qui permet d'un seul coup aux ingrédients de se marier, de s'assembler et d'exhaler tous leurs fumets délicats.

Pour le pilotage du changement, ce liant s'appelle style de management. C'est cet élément subtil qui donne l'ambiance dans l'entreprise. Il se révèle aussi au travers des rituels de fonctionnement que l'entreprise s'est imposés au fil des années. En France, le style de management donne dans le registre de l'implicite. Comme il s'agit de comportements, on préfère ne pas trop préciser les directives. Cette imprécision concède liberté et flexibilité et permet de retomber sur ses pattes à la moindre incohérence. Le pilote est seul maître à bord.

Un collaborateur nouvellement embauché ne mettra que quelques mois à découvrir ce *style*. Il s'exprime au travers des codes. Les pratiques identitaires caractérisent les fonctionnements quotidiens de telle ou telle entreprise. Par définition, ces codes sont uniques. Pour que la potion soit buvable, notre pilote va devoir intégrer les éléments du passé (ceux qui existaient avant son arrivée) mais il devra aussi faire évoluer ces fonctionnements vers de nouvelles pratiques pour laisser son empreinte.

Le style de management, c'est un liant complexe. Il assure la mise en cohérence de l'ensemble des ingrédients du breuvage, il veille à son équilibre et il éclaire sur le sens de l'action. Bien utilisé, il coordonne les actions des collaborateurs et tempère leurs humeurs. Il faut toutefois le manipuler avec précaution et doigté. Tout manque de congruence entre les discours et les actes, et patatras, le suprême nectar devient un infâme bouillon. Cette soupe-là, les salariés n'en veulent pas. Mais en invité bien élevé, ils ne vous le diront pas toujours. Ils quitteront parfois poliment la table.

Les colles des chartes

Appuyons-nous sur les principes,
ils finiront toujours par céder.

Édouard Herriot

Comment s'y prend notre pilote pour incorporer le style de management, ce liant indispensable au succès du changement planifié ? D'une manière générale, il a plutôt tendance à passer par l'incantation de solides principes... les siens. C'est LE modèle qu'il faut appliquer. Pourquoi réfléchir et inventer autre chose ? Ce qui marche pour moi doit fonctionner pour les autres.

Une seconde possibilité : la charte de management. La tendance est forte. Ces chartes fleurissent. C'est comme un printemps perpétuel. Affichée à l'accueil, la charte avertit le visiteur qu'ici tout est balisé. Dans cette entreprise, les comportements sont parfaitement maîtrisés. Dans les bureaux, ces engagements sur des valeurs communes sont bien visibles et bien encadrés. Difficile de les rater. Le collaborateur modèle accrochera la charte au meilleur endroit, pour que l'auteur de ce décalogue puisse l'apercevoir immédiatement lorsqu'il passe dans les bureaux.

À ce stade, nous ne pouvons résister à illustrer la démarche assez classique de la naissance d'une charte et de ses premiers pas. Toute ressemblance avec une situation déjà vécue ne peut être fortuite.

Convaincu qu'il faut instituer quelques préceptes simples de fonctionnement, le manager se précipite sur une feuille de papier. Mais pris d'un doute légitime, il préfère s'enfermer dans un bureau avec un expert du management. Il s'entoure des conseils du cabinet Mac Kregan, bien connu pour la qualité de ses dogmes managériaux. Ça fait quarante ans que ce cabinet propose la méthode américaine de Dale Carnival. C'est du sérieux, du solide dont personne n'a rien à redire.

À l'issue de la troisième entrevue, se déroule un accouchement propre, sans bavure et sans forceps. Le manager délivré demande alors au Directeur des ressources humaines, il est là pour ça, de provoquer une réunion de l'ensemble des cadres de l'entreprise. Objectif : présenter à la famille le nouveau-né et faire part au personnel, sans perdre une minute, des nouvelles pratiques, rédigées en style raccourci, à appliquer pour mener à bien le changement.

Il faut trouver un vrai support pour sculpter dans le marbre ces règles à appliquer dès le lendemain. Par exemple, on fait graver sur un cube de laiton les saintes incantations à apprendre par cœur. Ce cube est à poser comme presse-papier sur tous les bureaux. C'est de la belle ouvrage. Le cube est enveloppé dans du papier de soie pour éviter empreintes et salissures. Il doit rester net. Comme Moïse, le manager, du haut de sa tribune sacrée, remet *les tables de la loi* à chaque collaborateur. Et chacun repart avec pour directive de tourner le cube chaque matin en arrivant pour bien exposer la règle du jour. Une manière de parler le laiton couramment.

L'édit commandement

Le chat n'est pas tenu de vivre selon les lois du lion.

Spinoza

À bien y regarder, chaque charte présente un côté *copier-coller*. Vous ne nous croyez pas ! Tentez l'expérience suivante. Vous décrochez subrepticement la charte d'une entreprise, puis vous la substituez par celle de l'entreprise d'en face. Que remarque t-on ? Rien. Les mots employés sont les mêmes ou presque. Quelques variations de style de-ci de là, dues à l'utilisation du *je* et du *nous*, mais dans le fond, c'est pareil.

De son cockpit, notre pilote sait bien qu'il faut coordonner toutes les énergies, et avoir le maximum de puissance pour que l'avion-entreprise prenne son envol. Il sait bien que c'est sur les *savoir-être* que la partie va se gagner. Que les procédures sont importantes mais qu'elles ne peuvent tout régler. Sans les bons comportements qui permettent à ces procédures d'être bien huilées, le pilotage est risqué et l'avion-entreprise manque de maniabilité. Voilà pourquoi le pilote se met aussi souvent à descendre de la montagne avec ses tablettes.

L'édit commandement produit certes des effets mais est-il conforme aux attentes de son concepteur ?

Prenons, au hasard, une de ces recommandations :

« Je mets le client au centre de mes actions »

L'une des plus répandues. Très en vogue. Impossible de ne pas l'avoir lue au détour d'un hall d'accueil ou bien encore dans une plaquette présentant l'entreprise. Son objectif est clair et compris de tous. L'application et la portée d'une telle règle peuvent se révéler toutefois délicates. Pour s'en persuader, examinons le syndrome du parking visiteurs.

Si le client doit se rendre au 5ᵉ sous-sol pour garer son véhicule, il va avoir du mal à comprendre ce beau précepte. La première réaction consiste à se convaincre qu'il s'agit tout simplement d'une mauvaise explication de texte. Mais si, chemin faisant, il découvre qu'un emplacement est réservé aux véhicules de la Direction juste à côté de l'accueil, alors une extrême confusion, faisant place à la perplexité initiale, accompagnée d'un léger sourire sarcastique, s'empare de ce client.

Nous invitons le lecteur à poursuivre ce jeu passionnant des illustrations des commandements habituels comme nous venons de le faire. Nous sommes convaincus de vos talents d'observateurs illustrateurs.

J'améliore notre efficacité individuelle et collective ;

Je respecte et fais respecter les décisions ;

Je favorise l'adhésion de chacun ;

J'écoute pour améliorer le climat social ;

Je suis éthique dans mes actions quotidiennes ;

Je responsabilise mes collaborateurs en encourageant l'initiative personnelle ;

J'agis selon le code de management, etc.

Pourquoi appliquerai-je ces injonctions ? Pourquoi changerai-je mes comportements ? restent des questions récurrentes.

Si l'intention d'obtenir la même efficacité que Moïse est louable, pourquoi est-il si difficile de récolter des résultats identiques ? Cet exercice sur les valeurs de l'entreprise est si sensible que les dirigeants préfèrent s'exercer à faire fructifier d'autres valeurs plus rémunératrices.

Attention, à ce stade de notre propos, pas de tendance à la généralisation. Tous les dirigeants ne sont pas des carriéristes vénaux. La majorité d'entre eux restent attachés à des valeurs citoyennes, sans lesquelles diriger n'aurait aucun sens.

Et cependant, est-il possible de faire l'impasse sur ce liant qui est tout simplement le style de management de l'entreprise ? La potion tout entière en dépend et en conséquence la qualité du carburant, ce fameux carburant qui est capable de mobiliser les énergies de toute l'entreprise.

Posologie de l'élixir
de la mobilisation

C'est bon de ne pas regarder à la dépense de son énergie.

Jules Renard, *Journal*.

Les quatre épices, jetées dans le chaudron incorporé avec le liant, sont à cuire à feu doux. Mijotée, la préparation n'en sera que meilleure. Il faut prendre son temps, tout son temps et remuer soigneusement en gestes amples mais assurés. Bien entendu, c'est au grand chef, maître saucier, que revient cette tâche délicate. Elle ne peut, en aucun cas, être déléguée. Son tour de main est trop important. Ensuite, il faut laisser reposer quelques semaines. L'élixir de la mobilisation est prêt.

Prêt à agir en libérant les énergies de l'entreprise. L'énergie mobilisatrice, ce carburant si puissant et si nécessaire pour conduire à la réussite le projet de changement.

Attention, un élixir est un produit dangereux. Il est recommandé de ne pas le laisser à la portée de tous.

Sa posologie est simple. Il peut être utilisé :

▷ En cure préventive. C'est ainsi que l'on obtient les meilleurs résultats.

▷ En cours de mise en place d'un projet de changement. Dans ce cas de figure, veiller à bien suivre les doses pres-

crites. Ne pas les dépasser. Les séances de désintoxica-
tion ne sont plus prises en charge par la Sécurité sociale.

Après les premières actions de changement, deux symptômes peuvent survenir :

 » Des résistances fortes, des crispations importantes, des
contractions convulsives sont apparues très rapidement
au moment du lancement du projet. Prendre contact
avec un spécialiste.

 » Rien ne se passe ; vous constatez une adynamie, une
asthénie, une impression tenace de lassitude et de
découragement, accompagnée de phases dépressives. La
venue sur place d'un spécialiste est fortement indiquée.

Il faut débuter par de faibles doses, la cuillère à café par
exemple, pour s'accoutumer au goût. Les effets ne se font
pas sentir de suite. Plus la rigidité de l'organisation est
forte, plus la transition à mener est conséquente, plus tar-
difs seront les résultats. Le traitement est à commencer dès
l'apparition des premiers signes.

Les fioles d'élixir sont à distribuer à chacun dans l'organisation. L'encadrement, comme c'est bien souvent le cas,
peut avoir une double ration. Nous n'avons d'ailleurs
constaté aucun effet secondaire sur cette population. Bien
au contraire.

Dans les cas de crise aiguë, il est possible de passer directement à la louche.

La liste officielle des contre-indications est pour l'instant
tenue secrète. Elle sera publiée après les tests cliniques
requis, en conformité avec les souhaits de la confédération
des maîtres sauciers.

Quand peut-on dire que l'élixir produit ses effets ?

Pour prendre la métaphore de la goutte d'eau et du lac, quand l'onde, créée par l'impact de la goutte d'eau, est en mesure de se propager avec suffisamment de force sur toute l'étendue de la surface du lac. Vous l'avez compris :

▸ La goutte d'eau, c'est le projet de changement de l'entreprise ;

▸ Le lac, c'est l'organisation ;

▸ L'onde, c'est l'énergie mobilisatrice.

Phénomène physique, lorsqu'une goutte d'eau touche la surface du lac, il se propage une onde. Rapidement, elle s'amortit et notre surface retrouve son calme initial.

Pour les projets de changement, le phénomène physique est identique. Le projet, la goutte d'eau, tombe sur l'organisation, le lac. Parfois, sans ménagement. Un cercle concentrique pas très régulier se forme. Dans certain cas, le point d'impact est tel que le phénomène s'apparente plus au pavé dans la mare. Il éclabousse tout le monde au passage. Les effets ne sont pas très glorieux. Mais, dans leur phase de lancement, tous les projets de changement ne sont pas aussi perturbants.

La goutte (le projet) est essentielle, sinon pas de mobilisation possible. C'est la force de gravité indispensable pour initier cette mobilisation[1]. Le premier cercle concentrique

---

1. Cette idée de goutte d'eau aurait très bien pu être considérée par Newton, s'il ne s'était malencontreusement retrouvé sous un pommier pour faire sa sieste.

est le lieu où prend naissance l'onde. Pour le manager, c'est une étape fatidique. Les membres de ce cercle (Comité de direction, Comité d'exécution, Directoire, etc.) doivent par leur adhésion, leur cohésion être en mesure d'amorcer la propagation de l'onde auprès de l'ensemble des collaborateurs de l'entreprise.

Accumulation des forces, conjugaison des énergies, comme la magie de la *ola* dans un stade, cette puissance entraîne l'autre et transporte chacun.

Après les premiers signes de la mobilisation, cette énergie collective est censée se propager. Elle diffuse de haut en bas, mais transperce aussi toute l'organisation. Faible au départ, bien maintenue par des prises de potion régulière, elle s'amplifie au fur et à mesure. Elle peut même entrer en résonance. Le souffle de cette énergie doit être entretenu à tout prix. C'est ce souffle mobilisateur qui va donner la puissance aux réacteurs. La poussée des moteurs est au maximum, le projet de changement a toutes les chances d'aboutir, l'avion-entreprise est sur sa lancée. Rien ne peut plus l'arrêter.

Plus on va moins vite, moins on va plus lentement

Rien ne sert de courir…
si le marché marque le pas.

Un courtier (anonyme) de Wall Street

Notre avion-entreprise a réussi à décoller. Il est en vol. Il a même atteint sa vitesse de croisière. Pour conduire le changement, comme pour piloter un avion, les aspects de vitesse sont essentiels. En tout cas, ils ne sont pas à négliger. L'important, c'est d'arriver à bon port. En bon état. Le facteur vitesse est déterminant.

Dans une entreprise cotée, le principal élément qui conditionne l'accélération ou la décélération de la vitesse, c'est la pression qui est donnée par le court terme et notamment par la Bourse. La Bourse ne se met pas en perspective, ne juge pas les résultats à moyen terme, elle mesure les résultats immédiats. Il faut que la rentabilité, le retour sur investissement soit le meilleur possible au meilleur moment. Les fluctuations boursières varient en fonction de la qualité des informations, maîtrisées ou non. Les annonces de décisions et la réactivité de l'entreprise sont des facteurs amplifiants.

Quand il y a des transitions importantes à effectuer, c'est cette rapidité qui va permettre, dans un système boursier, de générer de substantiels profits. Le dirigeant imprime sa vitesse sur l'ensemble de l'entreprise. Les plans stratégiques sont calibrés. Le dirigeant pense, à tort ou à raison, qu'il n'a plus qu'à appuyer sur le bouton pour entraîner l'ensemble de ses collaborateurs et pour enclencher les modifications à effectuer. C'est ainsi qu'il entend atteindre les objectifs aux échéances programmées.

En fait, nous venons de décrire le plan de marche idéal. Celui qui fonctionne à tout coup. Celui qui ne fait pas de vagues. Or, ça ne marche jamais ainsi. Pourquoi ? Parce qu'il y a décalage entre l'annonce du changement et l'effet d'annonce. Le dirigeant veut montrer qu'il réagit et est soudain atteint de « bougisme ». Parce qu'il y a déphasage entre l'idéalisation du changement et la réalité du terrain. Parce que tout le monde ne va pas au même rythme. Le chef d'orchestre impose sa cadence mais comme il n'y a pas eu de répétitions, chaque instrument joue sa partition sans se préoccuper de l'autre et de l'harmonie d'ensemble, d'où la cacophonie.

Les objectifs, imposés par les marchés boursiers, sont en phase avec les propres objectifs du dirigeant. Mais au bout de deux ou trois ans, il passera à un autre dossier ou à un autre sujet. Le rythme imposé par le marché et le rythme personnel du dirigeant devrait bien « coller » mais l'organisation, tant qu'elle n'a pas compris où on cherche à l'emmener, n'a pas forcément envie d'avancer au même rythme. D'où les conflits qui peuvent surgir. Ces aspects de gestion de temps et de maîtrise de la vitesse dépendent aussi de l'environnement. Un environnement concurrentiel âpre oblige l'entreprise à opérer ses changements beaucoup plus rapidement. Si l'environnement concurrentiel n'est pas encore présent, il peut être intéressant d'anticiper mais les collaborateurs n'ont pas tendance à croire à l'importance de l'anticipation. Le bon dirigeant un tant soit peu visionnaire comprendra dans quel sens se situe l'évolution du marché. Mais, l'excellent dirigeant visionnaire arrivera à convaincre ses ouailles de la clairvoyance de ses convictions. Quand on est dans une spirale anticipatrice, l'entreprise a évidemment beaucoup plus de temps pour agir à bon escient et pour mettre en place les changements nécessaires.

Parfois, un manque de vitesse peut faire capoter le projet, c'est ce qu'on appelle en aéronautique un décrochage. Problème de coordination entre la tête et les jambes. Les problèmes surviennent quand la tête va trop vite et que les jambes ne suivent pas. Les rythmes de compréhension et d'appropriation du projet ne sont pas en phase. En principe, le dirigeant possède la totalité de la connaissance du dossier. Avant que les collaborateurs aient cette même connaissance du dossier, il faut que le projet descende, qu'il soit digéré, il faut qu'il soit « *acheté* ». La mission du dirigeant consiste donc à s'arranger pour que l'entreprise règle son pas sur le sien. Mais, c'est assez inhabituel. L'un des dirigeants que nous avons rencontré nous a confié ses prouesses de sprinter : « *Parfois, j'ai l'impression de courir très vite et quand je me retourne, je ne vois même pas les collaborateurs qui sont derrière moi.* » Mais, ne devrait-il pas se poser LA question : « *Pourquoi n'ai-je pas su entraîner mes collaborateurs derrière moi ?* » Sans appropriation du projet par la base, pas de réalisation du projet.

Pour réussir son projet de changement, il faut aller parfois vite et parfois il faut aller lentement. Il n'y a pas de recettes.

Chaque cas de figure impose une vitesse d'exécution différente. S'il y a un péril imminent, si la concurrence frappe très fort, si la conjoncture est en train de changer, il faut aller très vite. Si l'environnement est confortable et douillet, on n'aura pas forcément envie de se dépêcher. La pression extérieure ne l'impose pas. Un seul cas de figure nécessite d'aller très vite : c'est quand on est dans le cadre d'une fusion. La mise en place des nouvelles organisations ne peut pas attendre six mois pour être annoncée, au risque de perturber fortement et durablement les collaborateurs. Les laisser dans l'incertitude, c'est la certitude d'aller au devant de soucis majeurs.

Comme il y a plusieurs sortes de changements, il y a plusieurs sortes de vitesses. Au décollage, la vitesse doit avoir un rythme très soutenu. Quand une transition s'effectue, il faut qu'un maximum de personnes se trouvent en cabine. Ces personnes doivent être les acteurs du processus qui est en train de s'effectuer. Elles doivent être porteuses d'une mission et il leur faut se projeter sur le point où l'on veut arriver. S'il y a hésitation dans l'élan ou la dynamique, il peut y avoir ce risque de décrochage évoqué plus haut. Quand il y a une forte poussée des réacteurs, ce n'est pas le moment de changer de décision ou de direction. Durant un palier de vol, des turbulences ou des incidents peuvent soudain se produire, mais on doit augmenter le rythme ou la vitesse. Enfin, la dynamique du changement peut être cassée quand on croit avoir touché le but et qu'il n'en est rien. Surtout, quand on l'a annoncé, à grands renforts de publi-rédactionnels dans les magazines. Les opérations suivantes de changement ne seront pas évidentes à partager.

Déclaration de ruptures

La vie n'est pas une suite,
mais un fouillis de bris et de ruptures entremêlés.

François Latraverse, *La Vérence.*

En 1905, Albert Einstein publie quatre articles qui vont changer radicalement la manière de penser la physique newtonienne...et notre vision du monde. Il propose une nouvelle approche du temps et de l'espace, de la structure de la lumière et de la relation entre la matière et l'énergie. C'est une révolution. Mais, peu de gens à l'époque ont compris l'importance de ces bouleversements, réalisé son retentissement futur et envisagé son application sinistre avec la bombe atomique.

Ce type d'événements « *souvent indétectables au moment où ils apparaissent* » sont selon Pierre Papon[1] « *les signes du temps* ». Ces signes du temps sont des ruptures qui obligent, si on les perçoit suffisamment tôt, à réagir et à se mettre en mouvement. À la charnière de la fin du XIXe siècle et du début du XXe siècle, les fabricants de calèches sont contraints d'évoluer et de s'adapter sous peine de mourir. Ils ne deviendront pas tous constructeurs automobiles, tant s'en faut.

---

1. Pierre Papon, *Le Temps des Ruptures*, éd. Fayard, 2004.

Les prévisionnistes qui, contrairement à tous les gens qui se trompent, eux sont payés pour le faire, travaillent sur la détection des signaux faibles. Si l'on n'est pas en mesure de déceler ces signes imperceptibles, on se laisse surprendre et l'on va au devant de gros ennuis… et peut-être même droit dans le mur. Avant le passage de la vague déferlante du tsunami dans l'Asie du Sud-Est le 26 décembre 2004, quelques indices et annonces pour scientifiques initiés auraient pu nous avertir de l'imminence d'une catastrophe naturelle. Encore faut-il arriver à interpréter ces indices et, le cas échéant, les autorités compétentes étaient-elles en mesure de prévenir les conséquences désastreuses de ce cataclysme ? Aujourd'hui, les outils de mesure existent et sont suffisamment sophistiqués pour détecter ces ruptures.

Ce qui permet d'envisager des scénarios[1] de crise. Dans le cas de certaines multinationales, ce type de scénarios est mis en place pour réagir rapidement à n'importe quelle crise sociale ou environnementale. Prévoir l'imprévisible, c'est prévu. Quand l'individu est préparé à la crise, il peut anticiper. Évidemment, ce qu'on a prévu n'arrive jamais, ce serait vraiment trop simple. Néanmoins, ces entreprises ne sont plus rivées sur le court terme mais commencent à intégrer le long terme : c'est ce que l'on appelle la gestion de l'incertain. Tout cela est très théorique. En France, la gestion de l'incertain est particulièrement incertaine. Par exemple, on savait depuis longtemps que la fin des quotas

---

1. Oui, vous n'hallucinez pas, nous avons bien écrit « scénarios » ; le premier snob qui nous dit que le pluriel de scénario est scenarii a notre autorisation de s'acheter *le Petit Robert*.

dans le textile, au 1er janvier 2005, autoriserait l'inondation des T-shirts et chaussettes chinois. Aucune mesure de sauvegarde ne fut envisagée par anticipation. Cette rupture était pourtant prévisible. Mais rien n'a été fait. Peut-être par stratégie politique, dans un subtil jeu de billard à trois bandes : « *Tu m'achètes mes airbus, je te vends mes TGV et je te laisse la voie libre pour tes exportations sauvages de textile.* » Les relations diplomatico-commerciales sont décidément d'un *commerce agréable*.

Après les ruptures environnementales ou écologiques, après les ruptures réglementaires dans le cadre du textile, depuis une cinquantaine d'années, on assiste à la plus formidable des ruptures : la rupture informatique. En 1947, le premier ordinateur, qui est plutôt un calculateur, occupe une pièce entière. Dans un film de Woody Allen des années 1970, un employeur demande au comique américain s'il a déjà travaillé sur un ordinateur. Quand il répond : « *Oui, ma tante en a un* », toute la salle de cinéma s'esclaffe. Les temps ont bien changé.

Aujourd'hui, les PC (Personal Computer) et les micro-ordinateurs ont envahi le monde, même les pays en voie de développement. La fracture numérique tend à se réduire par la réduction des coûts. Internet a pénétré dans nos vies comme nous sommes entrés dans la bulle Internet. Nous n'envoyons plus de courrier mais des courriels. Nous aimerions même obtenir une réponse à nos questions avant de les avoir posées. La Poste, qui a perdu, depuis une dizaine d'années, environ 4 % de son trafic par an, doit s'adapter. Pour le téléphone, c'est pareil. Par le biais de l'Internet, les communications téléphoniques sont gratuites ou d'un coût

désormais non significatif. France Telecom, dont le mono-
pole est largement grignoté par ses concurrents, doit trouver des issues de sorties honorables.

Avec nous et malgré nous, un fantastique bouleversement
se construit jour après jour d'une manière inéluctable : les
échanges planétaires communautaires grâce à l'Internet
constituent bien une véritable révolution silencieuse.
Notre rapport à la communication s'est modifié de manière
indolore. La technologie se simplifiant et se banalisant,
seules les possibilités et les fonctionnalités nous intéressent.

Cette révolution est aussi immatérielle. Elle se situe dans
le lien que l'individu noue avec l'autre, avec les autres. Les
millions d'e-mails (ou de courriels) qui s'échangent chaque
jour sur la Toile dans un monde numérisé modifie notre
comportement. Les pays émergents ou en voie de développement l'ont compris et ne sont pas en reste. Puisque
l'usage individuel est encore inaccessible dans certaines
parties de la planète, les boutiques Internet s'ouvrent un
peu partout. Pour quelques dollars, un point d'accès permet
une ouverture au monde en temps réel.

Le développement exponentiel des blogs est aujourd'hui la
meilleure illustration de cette révolution en marche. Phénomène très individuel (journal intime) et très collectif
(forum de discussion) à la fois. Le blog se positionne dans
l'immédiateté, dans une avidité d'échange en direct et
avec souvent une envie débridée de liberté. Par d'astucieux
courts-circuits de nos anciens média institutionnels, nous
sommes en train de tracer d'autres voies. Dans le secteur de
la communication, la donne a changé en quelques années :

pertes de part de marché, pertes d'audience, pertes de pouvoir de majors traditionnels comme Time Warner au profit d'entreprises de la nouvelle économie.

Rêvons un peu et soyons résolument optimistes : chacun, à son rythme et avec sa propre pédagogie, pourrait ainsi s'approprier le changement en devenant acteur de son travail, de ses opinions, de ses loisirs, de son destin.

Paris-Lille en une heure par le TGV. Même pas le temps de déplier son journal. Pour se rendre à Lyon de la capitale, deux heures. Notre rapport au temps et à l'espace a aussi fondamentalement évolué. Selon la loi de Moore, les microprocesseurs doublent leur puissance tous les 18 mois. Pouvons-nous rester le même dans un monde qui est en constant bouleversement ? Et pourtant, qu'il est doux de ne rien faire quand tout s'agite autour de vous ! Notre propension naturelle à ne pas changer est bousculée en permanence par ces ruptures.

Et que dire des ruptures sociétales ?... Les nouvelles tendances de consommation, notamment au travers du développement durable ou du commerce équitable, sont en train de modifier profondément notre manière de vivre. Les produits bios, avec leurs marchés, leurs rayons dans les supermarchés dont les mètres linéaires s'allongent chaque année, leurs boutiques spécialisées, nous incitent à manger *écolo*, plus sains peut-être et plus chers sûrement. On roule *écolo* avec les compagnies pétrolières qui mettent dans les stations-service un carburant moins nocif pour la pollution mais aussi plus onéreux. Il paraît que l'on consomme moins avec cette essence *totalement* inoffensive pour la couche d'ozone. Cet avantage compenserait-il la ponction au porte-monnaie ? Nous commençons sérieusement à fonctionner au carburant…de la culpabilisation. Les accords de Kyoto et la Charte de l'environnement font leur travail de sape. Développement durable de la solidarité, commerce équitable, réflexes écologiques, rejet des marques, des tendances de fond qui modifient notre comportement de consommateur. Mais, entre le consommateur et le citoyen, une cloison étanche et imperméable entretient nos contradictions : difficile d'avoir une conduite et une attitude éthiques quand le pouvoir d'achat ne permet pas de suivre.

Crise et arrangements

Le changement du monde n'est pas seulement création, progrès,
Il est d'abord et toujours décomposition, crise.

Alain Touraine, *La société invisible.*

La crise est un événement de rupture douloureux couplé avec un élément humain fort. En général, la crise est accompagnée d'une peur extrême, d'un réflexe de fuite, d'une montée de stress due au sentiment d'être pris au piège. La peur, fugitive et éphémère, est salutaire car elle déclenche des mécanismes d'évitement et permet de réagir ; mais si elle est durable et incontrôlée, elle ne provoque que sidération et tétanisation.

Quand un événement soudain et brutal survient, c'est une crise ; les catastrophes ne sont pas que naturelles. Par exemple, une entreprise qui travaille depuis des années avec une grande surface est *déréférencée* du jour au lendemain de la totalité de ses produits pour des raisons de qualité ou de difficulté d'approvisionnement. Que faire devant ce genre de cataclysmes, cette inversion de la vapeur si l'entreprise n'a pas prévu de ne pas mettre tous ses œufs dans le même panier ? Il s'agit de savoir piloter dans l'urgence. Improviser dans l'instant. Maîtriser sa machine dans la rafale de turbulences.

Dans l'un de ses livres sur la morale, le philosophe-écrivain espagnol Fernando Savater[1] montre qu'il ne faut pas se laisser broyer par certaines personnes ; celles qui se complaisent à vous compliquer la vie. Il raconte cette anecdote : « *Un instructeur d'aviation teste son élève : vous êtes en train de piloter et un orage survient. Que faites-vous ? J'allume un réacteur, dit l'élève. Oui, mais un autre orage arrive, que faites-vous alors ? J'allume un deuxième réacteur. Très bien, mais un nouvel orage redouble d'intensité, que faites-vous ? J'allume un autre réacteur. Mais, où trouvez-vous tous ces réacteurs, demande l'instructeur agacé. Au même endroit que celui où vous trouvez vos orages, répond l'élève insolent.* » C'est une manière de gérer la crise.

Une crise, c'est une maladie qu'on n'a pas voulu traiter. Elle peut avoir un effet bénéfique. Elle peut être une sorte d'électrochoc dans un état léthargique. En japonais, l'idéogramme de crise représente en même temps le bouleversement et l'opportunité. En fait, la crise n'est rien ou peu de choses. Elle fait partie intégrante de nos existences, et aussi de la vie d'une entreprise. L'important, c'est bien comment on sort de la crise. Quels enseignements on en tire ? En sort-on indemne ou meurtri ? Plein d'énergie pour affronter l'avenir ou abattu et incapable de se relever ?

Les orages se terrent au fond des nuages noirs, mais les réacteurs n'attendent qu'à être sollicités. La gestion de la crise devrait se faire dans la sérénité, à condition de l'avoir anticipée. Cette rupture particulièrement violente

---

1. Fernando Savater, *Éthique à l'usage de mon fils*, éd. du Seuil, 1998.

actionne des clignotants qui virent au rouge. Elle se combine avec la vitesse. Si l'urgence déclenche la panique, attention danger ! Ce sont les pressions de l'actionnaire, de la Bourse ou du marché, des concurrents, de la réglementation qui vont conditionner la manière dont le dirigeant va gérer la crise ou l'enchaînement des ruptures.

Dans le cas d'une fusion ou d'une acquisition, il ne faudra pas tergiverser. Par rapport à l'actionnaire, il est indispensable d'aller vite. Mais, en même temps, il est nécessaire de ménager le personnel de l'entreprise et de lui laisser le temps de digérer les annonces concernant la gestion de la crise. Le temps n'est pas le même pour tous. Si l'entreprise se remet en mouvement après ces événements traumatisants, c'est qu'elle a bien géré la crise. Après un travail de deuil plus ou moins long, la vie de l'entreprise doit continuer. Une mauvaise gestion de la crise entraîne grèves, démissions en chaîne ou démotivation totale du personnel.

Changement et changements

Il n'est pas nécessaire de changer ;
la survie n'est pas obligatoire.

W. Edwards Deming

Vous l'avez déjà compris *(sinon, on ne peut plus rien faire pour vous)*, il y a plusieurs sortes de changements. Il y a changement et changements. Tout n'est pas changement. Le changement n'est pas obligatoirement le progrès. D'ailleurs, faut-il avoir peur du progrès ? Et faut-il avoir peur du changement ? Certains changements sont régressifs. Quand le changement est décrété, il est subi. Mais il peut être accepté et partagé. Imposé ou volontaire, la donne est différente.

On peut être en présence aussi de changements simples et de changements complexes qui induisent des transformations et des adaptations simples et complexes. Le changement peut être également brutal ou progressif selon qu'il est prescrit et imposé ou construit et volontaire.

Continuons à filer la métaphore de l'avion-entreprise. Comme il y a un rapport de subordination avec le contrat de travail, les collaborateurs montent dans l'appareil, absolument pas convaincus qu'il faille y aller. Parfois, ils sont obligés de s'embarquer pour des raisons de salaire ou parce qu'ils n'ont pas envie tout simplement d'aller chercher un emploi à l'extérieur. Ils savent pertinemment qu'ils sont entraînés dans une certaine direction. Ils s'engagent avec scepticisme, à leur corps défendant, dans un changement qui leur est imposé. Chacun va faire semblant d'y croire dans des attitudes de refus camouflé. On se doute que dans ce genre de situations, le vol ne peut pas se passer dans des conditions optimales. Il y aura assurément des turbulences très importantes et des secousses déstabilisatrices.

Sauf s'il est aveuglé par sa puissance autocratique, le pilote doit être à même de percevoir les premiers signes avant-coureurs du chaos programmé. La dimension externe, c'est-à-dire l'écho, comme dirait Edgar Morin, va conditionner le comportement de l'ego. Mais c'est une partie à trois qui se joue entre le dirigeant, les collaborateurs et l'environnement. Quand des personnes pénètrent dans un avion, elles mettent leur vie et leur destin entre les mains du pilote. Si des turbulences surviennent, il faut un pilote expérimenté, aguerri. Peut-être même un navigateur de haute voltige, qui sera capable de retourner la situation à son avantage. S'il sait faire ce genre d'acrobaties, c'est qu'il a déjà été confronté à ce genre de difficultés.

Et pourtant, dans 80 % des cas, le pilotage à vue, ce sera la première fois, il faudra improviser, prendre la bonne décision tout de suite, ne pas se tromper pour éviter le crash fatal. Dans l'entreprise ou dans n'importe quelle organisation, comment savoir si le pilote dispose des compétences requises pour entraîner ses troupes dans la direction voulue ? Interrogations, craintes, doutes et suspicions risquent de conditionner le comportement du personnel. D'ailleurs, quand un nouveau dirigeant arrive pour s'asseoir dans son fauteuil, tout le monde cherche à connaître ses antécédents. « *Qu'est-ce qu'il fait, qu'est-ce qu'il dit, qui c'est celui-là ?* » chantait Pierre Vassiliu il y a quelques années. C'est exactement ce genre de questions qui volent autour de la machine à café. D'où vient cette nouvelle tête ? La connaissance de son pedigree va permettre de savoir s'il possède les compétences, les aptitudes et les qualifications requises. S'il ne les possède pas, il vaudrait mieux qu'il s'entoure d'hommes et de femmes qui eux en sont pourvus. Après tout, le bon leader n'est-il pas celui qui sait attirer à lui les meilleurs éléments ? Mais le charisme, le talent et la valeur intrinsèque ne se lisent pas dans un curriculum vitae. Et puis parfois, c'est la fonction qui transcende l'homme …ou la femme.

Et le changement choisi comme le temps choisi, cela existe-t-il ? Oui, dans un lointain pays nommé Utopia, imaginé par un certain Thomas More. Rappelons juste que l'étymologie du mot Utopia veut dire « en aucun lieu »…

Les arêtes de poisson d'Ishikawa

France : Ne pas prévoir, ne pas préparer, ne pas avertir.

Henry de Montherlant, *Carnets*.

Il existe dans une lointaine contrée des êtres qui ne pensent pas comme nous. Ils ont une autre structure mentale. Ils possèdent une autre culture, à l'opposé de la nôtre. Par exemple, ils sont persuadés qu'il ne faut pas se laisser surprendre par les ruptures. Vous n'allez pas le croire : ils anticipent. C'est vrai que nous sommes dans un lieu de sagesse extrême-orientale. C'est le pays du soleil levant qui a donné naissance à cette forme d'esprit particulière : le kaïzen.

Le kaïzen a été prôné par un qualiticien japonais du nom d'Ishikawa. Cette méthode assez saugrenue exhorte à l'amélioration permanente. Elle énonce quelques préceptes simples : donnons-nous un rythme tout à fait raisonnable. On n'est pas pressé, on a tout le temps devant nous. Il y a un progrès continu à assurer. On est dans le système de la roue perpétuelle de Deming et avançons par petits pas. Ça ne s'arrête jamais. C'est le perfectionnement ininterrompu. L'organisation est préparée et le jour où les ruptures se présentent, personne n'est surpris. Au contraire, on s'y attendait. Tout était prévu. On s'attendait même à tout.

Avec la roue de Deming, on est dans le fameux PDCA, bien connu de tous les planificateurs : *Plan, Do, Check,*

Act. Avec le PDCA, on est dans la roue du changement : planification, action, contrôle, ajustement. Et ça tourne dans une boucle continue. C'est très organisation apprenante, on est toujours en train de se remettre en cause.

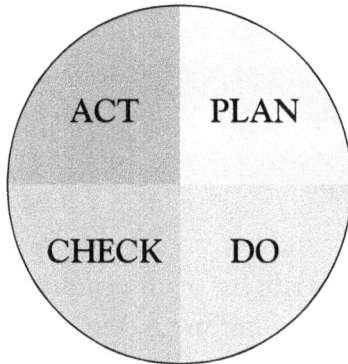

Pourquoi les arêtes de poisson ? C'est d'abord intimement associé au nom de ce qualiticien japonais. Cette représentation est utilisée, lorsqu'il y a un défaut quelque part, et qu'on prend le risque de se mettre au tour d'une table, ce n'est donc pas un exercice solitaire, pour rechercher avec méthode toutes les causes de dysfonctionnement. Si le produit n'a pas été livré, est-ce dû à un problème de commandes ou de fabrication ?

Au-delà de la représentation commode que nous donne ce diagramme, il y a tout dans l'arête d'Ishikawa. Prenons la tête. Elle matérialise le dérèglement majeur observé et que l'on souhaite corriger. L'arête centrale, c'est le support de tous les maux qui ont généré les difficultés mentionnées au niveau de la tête. Enfin, les arêtes latérales peuvent être nombreuses et irritantes, ce sont toutes les véritables causes responsables du symptôme étudié. Faire ce type d'autopsie, obligatoirement collective, prend du temps. Certains préfèrent laisser le poisson sur l'étal sans même l'observer, ne serait-ce que du coin de l'œil. Pas étonnant que le poisson ne soit pas toujours frais… quand on laisse pourrir la situation au lieu de la traiter. Si d'aventure, vous êtes confronté à ce type d'expérience, prenez garde aux arêtes, certaines piquent plus que d'autres.

Revenons au kaïzen. Sommes-nous capables de faire évoluer notre culture ? C'est certainement ce qui est le moins simple. Quand on aborde le changement, on ne peut pas faire l'impasse sur les transformations culturelles. Comment passer d'une culture industrielle à une culture de services par exemple ? Quand tel dirigeant annonce que son entreprise qui a toujours fabriqué objets et matériels divers fonctionnera sans usine dans les cinq prochaines années, peut-être faudrait-il, sinon mettre au courant le personnel, du moins accompagner ce bouleversement qui remet en question la culture et le fonctionnement de cette entreprise.

L'aspect culturel, c'est un problème grégaire. Quand un groupe se met dans une phase de rituels, de protocoles spécifiques, de codes vestimentaires, c'est cela qui crée la culture, sorte de bouclier protecteur qui engendre un effet clanique. Un dirigeant qui arrive dans un nouvel environnement a intérêt à comprendre quels sont les codes de fonctionnement s'il a envie de faire changer les choses. Et évidemment qu'il a envie, sinon il ne serait pas dirigeant. Mais va-t-il y arriver ? Il y a des changements structurels qu'il ne pourra pas modifier. Par exemple, impossible de faire passer d'une culture de la grande distribution au commerce de détail, et inversement. La rupture culturelle serait trop importante.

Il y a des changements qui sont difficiles, voire infaisables, pour des raisons de culture. Tutoiement, costume trois pièces ou absence de cravate sont, par exemple, des symboliques culturelles qu'il faut détecter pour pouvoir accompagner les procédures de changement. En imposant des symboles très forts qui montrent la direction à prendre, on peut faire avancer la culture d'entreprise. Inversement, en cas de fusions d'entreprises, il est possible de retrouver dix ans après les différentes cultures et dire sans la moindre hésitation : « *Tiens, vous n'apparteniez pas à telle entreprise AVANT la fusion ?* ». Si la fusion des cultures A + B ne crée pas une nouvelle culture C, la fusion a toutes les malchances d'être un échec. Le maillage n'a pas été fait parce qu'aucun patron n'a été capable de le faire.

Depuis une trentaine d'années, tous les gouvernements français ont envisagé de réformer les retraites. Les effets combinés de la courbe démographique, du départ à la retraite de la génération née après la Seconde Guerre mondiale, de l'allongement de la longévité, des aléas de la croissance en dents-de-scie et de la situation particulière de l'emploi influencée par la mondialisation et la globalisation des marchés sommaient les partenaires sociaux et les hommes politiques de se pencher sur la question avec attention. Il s'imposait qu'on anticipât. Par manque de suite dans les idées ou absence de courage politique, rien ne fut fait.

La loi Fillon sur la réforme des retraites ne prend, dans l'urgence d'une situation au bord du gouffre, que des demi-mesures dont la nature provisoire ne devrait pas résoudre les problèmes à long terme. Pierre Mendès France avait l'habitude de dire « *Gouverner, c'est prévoir* ». Une belle formule qui n'eut pas l'heur de plaire aux parlementaires de son époque puisque le gouvernement de PMF ne dura que sept mois et dix-sept jours en 1954. Anticiper des actions à long terme, prévoir des mesures nécessaires mais impopulaires et préparer à des sacrifices, trois démarches insolites qui ne font pas partie des mœurs et de la culture françaises.

En ce qui concerne l'énergie fossile, le pétrole, l'absence totale d'initiatives anticipatrices nous fait aller droit dans le mur. Tous les clignotants sont au rouge. Le réchauffement de la planète. La dégradation progressive de l'environnement. Le gaz et l'essence ne cessent d'augmenter et toutes les prévisions de consommation mondiale montrent que, si aucune solution alternative n'est trouvée dans les dix prochaines années, l'or noir viendra à manquer. On sait par expérience le type de crise que peut engendrer la rareté d'une telle matière première. Hormis l'augmentation de l'essence à la pompe qui, d'ailleurs, ne fait pas baisser la consommation, aucune mesure sérieuse n'est envisagée. Mais, tout le monde est rassuré, nous avons un beau cache-misère : le nucléaire. C'est notre ligne Maginot. Les gouvernements attendront sagement une crise majeure pour prendre, dans l'urgence, des mesures impopulaires. Politique à court terme et à courte vue, comme d'habitude. Pourquoi changer ?

Dans le kaïzen comme dans les approches de l'organisation apprenante, on accepte d'être remis en cause, on admet de modifier ses pratiques. On le fait d'abord individuellement mais aussi collectivement. Plus qu'une philosophie, c'est une hygiène de vie, une façon de se regarder de face dans le miroir dans laquelle la remise en question est permanente et où l'on tire des enseignements de ses propres dysfonctionnements. Cette manière d'aborder les choses relève de la sagesse extrême-orientale proche du *Tao te king* ou du *Yi King,* le livre du changement.

Prendre de l'altitude

La logique est le dernier refuge des gens sans imagination.

Oscar Wilde

Et si nous ressortions du placard ce bon vieux Maslow (1908-1970), dont la pyramide est presque plus connue que celle de Kheops ? Abraham Maslow expliqua, en son temps, la motivation des salariés dans une organisation par la pyramide des besoins. Ils sont au nombre de cinq. À la base, les besoins physiologiques comme se nourrir ou se vêtir. Au-dessus, le besoin de sécurité et de se protéger. On monte encore et l'on trouve le besoin du sentiment d'appartenance et d'amour. Sur le palier suivant se trouve l'estime de soi et d'autrui et dans la pointe, l'aspiration à se réaliser.

Pourquoi avons-nous éprouvé le besoin d'exhumer les mânes de ce célèbre psychologue et sociologue américain et d'épousseter son illustre édifice ? Parce que, quand on veut piloter un tant soit peu le changement, il vaut mieux se mettre dans les vents favorables, c'est-à-dire dans les attentes et les aspirations de ses collaborateurs. Si ces derniers ressentent une fierté à la marque pour laquelle ils travaillent, on est là dans l'étage du sentiment d'appartenance. Ce n'est pas en flattant leurs exigences basiques qu'on risque de les motiver. Tout travail mérite salaire, mais, dans certaines entreprises à forte culture, on vient prendre son salaire dans un contrat de subordination, tout en cherchant aussi autre chose : un besoin de respect, d'estime, de reconnaissance, et puis aussi, on ose à peine l'écrire tellement c'est inconvenant dans une entreprise, un besoin d'amour. Jack Welch raconte dans son dernier livre[1] cette anecdote édifiante : un jour, le patron mythique de General Electric, aujourd'hui à la retraite, est interpellé par l'un de ses ouvriers : « *Depuis vingt-cinq ans, vous me payez pour disposer de l'utilisation de mes mains, alors que vous auriez pu aussi avoir l'utilisation de mon cerveau en prime.* » Sans douter un instant de l'irréfragable fidélité de son subordonné, le supérieur hiérarchique est passé complètement à côté du désir légitime de considération que son manœuvre était en droit d'attendre. Aujourd'hui, parce que notre civilisation migre doucement mais sûrement vers l'immatériel et vers le service, le salarié interrogé répondrait assurément : « *Depuis vingt-cinq ans, vous me payez pour disposer de mon cerveau, alors que vous auriez pu aussi avoir l'utilisation de mon cœur en prime.* »

Il est nécessaire, non, indispensable, qu'il y ait un équilibre entre l'actionnaire, le client et le salarié. Cet équilibre, qui n'est pas que sonnant et trébuchant, donnera de la stabilité à l'entreprise. Il doit prendre en compte les souhaits et les désirs de chaque salarié et les transformer en une réponse collective. Sacré challenge et en même temps une gageure. Les temps changent et les besoins évoluent. La pyramide est connue, reconnue... et complètement méconnue par

---

1. Jack Welch, *Mes conseils pour réussir*, éd. Village Mondial.

les dirigeants qui commettent des erreurs grossières dans le pilotage de leur entreprise : quand certains salariés réclament reconnaissance et écoute et que la direction ne leur offre qu'une réponse à leurs besoins les plus élémentaires, le décalage est obligatoirement générateur de dégâts immédiats ou à plus long terme. En revanche, certaines entreprises, comme Accor par exemple, ont compris que la réalisation de l'individu, tout au sommet de la pyramide, était une forme de management par la satisfaction des parties, propre à fidéliser les collaborateurs. Leur université, centre de formation, a contribué à diffuser cet état d'esprit et à libérer les champs du possible.

Libérer les champs du possible, c'est comme ouvrir la porte du box d'un jeune poulain et le laisser s'ébattre dans la prairie. Merveilleux symbole de liberté. Libérer les champs du possible, c'est travailler sur l'imaginaire, c'est la capacité d'augmenter le degré de liberté. L'*empowerment*, concept américain. Oser dire, l'imagination et l'imaginaire au pouvoir. Par exemple, quand Schindler installe en zone sensible un ascenseur dans un immeuble, ascenseur qui coûte deux fois plus cher à fabriquer pour des raisons de risques de dégradations, l'entreprise forme des « grands frères » issus de ces zones sensibles afin d'en assurer la maintenance. Ce type d'expériences effectuées dans des banlieues réputées chaudes donne d'excellents résultats : non seulement les ascenseurs sont moins détériorés, mais ils tombent moins en panne. Parce qu'on a laissé la possibilité aux personnes directement concernées de reprendre possession d'un territoire abandonné. C'est même ce que l'on appelle la « responsabilisation ».

Dans sa vie, on passe plus de temps au travail que chez soi, avec sa famille. Il vaut mieux alors que son lieu de travail soit aussi un lieu de réalisation de soi. Ce serait dommage, du gâchis, de ne pas donner aux salariés la possibilité d'apporter de la création de valeur, de la réactivité, toutes choses que les dirigeants attendent ou espèrent. Les intérêts des parties prenantes peuvent être croisés, d'un point de vue capitalistique, environnemental et social. C'est ce que l'on appelle le « développement durable », concept surmédiatisé, depuis quelque temps. Certaines entreprises s'en sont servies de couverture cosmétique. Ça faisait bien dans le paysage économique. La plupart de ces entreprises ne retenaient et ne retiennent encore que sa dimension environnementale. Les *greenwashers*[1] *ont repeint en vert la vitrine de leur entreprise. Mais qui ont-ils trompé ? Est-ce que le manage… ment ?*[2]

Antonio R. Damasio a écrit plusieurs livres sur le thème des émotions. Les derniers : *L'erreur de Descartes* et *Spinoza avait raison*[3]. Ce neurologue américain montre que, malgré les expressions de joie, de tristesse, de peur et de colère que nous avons du mal à maîtriser, notre éducation est influencée à l'excès par le cartésianisme et le rationnel. Tout est analysé en fonction de la mathématique et des sciences dures. Or, le rôle des émotions dans le management a été

---

1. Surnom donné par les écologistes de la première heure pour brocarder ceux de la dernière heure.
2. Hervé Sérieyx, Est-ce que le manage… ment ? Éditions d'Organisation, 2001.
3. Ces deux livres ont été publiés chez Odile Jacob.

reconnu depuis une trentaine d'années avec le développement des tests autour du calcul du quotient émotionnel ou des évaluations relatives au cerveau droit et au cerveau gauche. L'entreprise est aussi un lieu d'émotion. L'affectif est l'un des moteurs du pouvoir : « *Si vous n'êtes pas avec moi, vous êtes contre moi.* » Chacun d'entre nous s'est retrouvé un jour devant cette alternative binaire, manichéenne et manipulatrice.

L'Airbus A380 n'est pas que 455 tonnes qui volent. Ce merveilleux assemblage technologique qui arrive à décoller malgré sa masse est aussi chargé d'émotions, de symboles et d'aventures humaines européennes. Ce monstre aérien est comme le bourdon. Normalement, il ne devrait pas voler, mais il ne le sait pas. Avec cet amas de fer, d'acier et de matériaux composites, on peut fabriquer des armes et des bombes destructrices ou bien créer un superbe moyen de transport pour plusieurs centaines de personnes. Avec quatre millions de briques, on peut construire un mur de prison. Assemblées de manière différente, et c'est là que la magie du cœur opère, on peut réaliser le dôme de la cathédrale de Florence. Tout dépend des besoins du moment, de la hauteur de point de vue – une cathédrale vaut bien une pyramide –, et du pouvoir… de l'imagination.

CONCLUSION

L'utopie, la réalité de demain ?

L'utopie n'est que le nom donné aux réformes
lorsqu'il faut attendre les révolutions pour les entreprendre.

Jacques Attali, *Fraternités – Une nouvelle utopie.*

Nous avons horreur du changement

Dans l'entreprise et dans les organisations, rares sont ceux qui ont envie spontanément de bousculer leurs habitudes. La routine, pas très valorisante pour certains et véritable façon de vivre pour la plupart d'entre nous, possède pourtant quelque chose de rassurant et de réconfortant dans la perception de nos repères. Cette satanée force de l'habitude qui nous tient de ligne de conduite et qui nous fait regretter, trop tard, tout ce qu'on aurait pu faire : « *ah, si j'avais eu les moyens de changer, j'en aurais fait des choses… etc.* ». Nous sommes une population vieillissante. Or, cette évolution démographique n'est pas sans conséquences sur nos humeurs. Le vieillissement ramollit le neurone si on n'y prend garde et accroît les réticences au risque. Le changement est vécu le plus souvent comme une menace pour certains ou une remise en cause pour d'autres.

Le maintien du statu quo, les politiques de stabilisation, l'amplification des risques, la dramatisation des conséquences contribuent à l'immobilisme. Pourtant, notre honnêteté naturelle nous oblige à montrer qu'il y a risque à changer mais aussi risque à ne pas changer. L'immobilisme peut conduire au laxisme et le laxisme à la réaction violente du populisme. Du haut de sa tribune, en haranguant les foules, mécontentes que rien ne change mais qui ne font rien pour changer, le démagogue n'hésitera pas un instant à se prétendre l'homme du recours, l'homme providentiel : « *Croyez-moi, nous avons une chance formidable et unique à saisir pour faire bouger les choses, de mettre la France sur les rails du succès et de la réussite. L'avenir doit cesser d'être une menace, il doit être une espérance. Je vous attends et sais pouvoir compter sur vous. Ensemble nous allons faire de grandes choses.*[1] » Ce grand air du changement nous donne envie de changer d'air. Le démagogue s'appuie sur le peuple, utilise les rouages de la démocratie[2] et exige les pleins pouvoirs pour mettre en œuvre sa politique salvatrice. L'homme à poigne n'est pas loin. Le dictateur est à l'affût. Il est en embuscade.

Celui qui ne veut ou ne peut pas changer est considéré comme appartenant au passé ; il est opposé à celui qui change et qui se projette dans l'avenir. Mais le progrès

---

1. Tous ces propos sont tirés d'une lettre signée de Nicolas Sarkozy pour solliciter une aide matérielle des adhérents et des sympathisants à l'UMP.
2. Ce sont les élections démocratiques de 1933 qui ont permis à Hitler d'accéder au pouvoir.

technique n'est pas obligatoirement le progrès social. La question de la modernité ne doit pas signer un chèque en blanc à l'ère de la modernisation. Il s'agit de peser sur sa balance personnelle tous les enjeux qui entrent en ligne de compte. On ne peut transiger ni avec la dignité de l'homme ni avec la démocratie dont découlent les valeurs fondamentales qui lui sont attachées : liberté, égalité, fraternité, solidarité, tolérance, etc.

Comment vaincre les réticences, faire basculer les récalcitrants, supprimer les obstacles, balayer les contradictions. C'est très simple : il suffit, avec un peu d'imagination, d'inventer le futur et tout ce qui va avec... La vision, c'est la faculté de se projeter dans cet avenir et de créer les utopies qui seront la réalité de demain. Et ne venez pas nous dire que vous n'en êtes pas capables. Nous n'en croyons pas un mot.

Défense et illustration de l'immobilisme ambiant

Maintenant que vous êtes arrivés au terme de ce livre, vous vous dites certainement que nous avons exagéré, que nous avons été partiaux, de mauvaise foi, injustes, excessifs, partisans, subjectifs, malhonnêtes, qu'après tout votre vie personnelle n'allait pas si mal, et que malgré quelques blocages ici ou là, tout changeait, bougeait, évoluait, naturellement. Nous vous le concédons bien volontiers.

Néanmoins, il existe un certain nombre de choses, dont la liste qui suit n'est pas exhaustive, qui sont taboues, rigoureusement interdites, sacrées, qu'il ne faut absolument pas toucher, pas modifier, pas bouleverser, sous aucun prétexte, sous peine de provoquer quelques désagréments ou de déclencher de sévères réactions : grèves, révolutions, chutes de gouvernement et autres péripéties du même acabit. On vous livre, bruts de décoffrage, ces quelques « Touche pas à… » que chacun complétera à partir de sa propre expérience.

Touche pas

À mon Europe ;

À mon Traité de Nice ;

À ma Pentecôte ;

À ma bagnole ;

À mon foulard ;

À mes avantages acquis ;

Au service public ;

À la retraite ;

À la Sécu ;

À mes congés payés ;

À mes RTT ;

Aux coiffeurs (ne demandez pas pourquoi, c'est comme ça) ;

À la fête des mères ;

À la fête des pères ;

À la fête des grands-mères ;

À la fête des secrétaires ;

À la fête du Travail ;

Au Code du travail ;

Aux syndicats ;

Aux syndicalistes ;

Aux délégués du personnel ;

Au festival de Cannes ;

À la fête du Cinéma ;

À la fête de la Musique ;

À Halloween ;

À la dinde de Noël ;

À Roland-Garros ;

Au Tour de France ;

À la Coupe de l'UEFA ;

Au baccalauréat ;

À l'Éducation nationale ;

À Sophie Marceau ;

Au beaujolais nouveau ;

À mon camembert *made in* Normandie ;

À *Questions pour un champion* ;

Etc.

Ne pas risquer, c'est risqué

L'audace est aux abonnés absents. Elle ne répond plus. Elle n'habite plus à cette adresse. Le magasin est en rupture de stock. Si vous en voulez, il faut aller voir ailleurs, de préférence hors de l'Hexagone.

Impossible de le nier. Avec le progrès technologique, les risques de toute nature augmentent. Risques terroristes, chimiques, environnementaux, financiers, naturels, etc. Risques sur mer avec les pollutions des supertankers, risques dans le ciel avec des avions toujours plus gros, risques sur les routes. Le risque est partout. Et pourtant, sans risque, la vie serait fade.

De récentes et très sérieuses études génétiques viennent de montrer, à la grande stupéfaction de la communauté scientifique, que l'ADN du Français révèlerait des caractères que l'on soupçonne être responsables de notre immobilisme. Est-ce possible ? Nous n'arrivons pas à le croire. Et pourquoi pas un cerveau plus petit ? Aurions-nous déjà muté ?

En tout cas, une chose est certaine : la règle des 3 P est en train de s'imposer à nous. Elle devient un véritable code. Les 3 P, c'est facile à retenir : Précaution, Protection, Préservation.

Avec ces trois mots, on garantit tous les maux. De quoi figer un individu, une équipe, une organisation, une nation, et plus encore si affinités.

Illusion ou réalité ? À vous de juger. Ce qui est sûr, c'est que la fossilisation est un état recherché par bon nombre d'entre nous. Le surplace, les lignes Maginot, les ponts-levis, le statu quo, ça rassure.

Le risque zéro est devenu le « mètre étalon » à penser. Avant de prendre une décision, il faut passer par les nombreux tamis des analyses de risques. Depuis une dizaine d'années, un nouveau métier a fait son apparition : le *risk manager*. Et si le plus petit soupçon de danger reste possible, on prend une assurance. Quand on est frileux, il vaut mieux sortir couvert. Le développement plutôt timide en France du capital risque ne favorise pas les investissements. Dans n'importe quelle organisation, les aventures humaines susceptibles d'être proposées sont regardées de travers. Elles dérangent. La construction d'un grand projet commun est devenue une entreprise hasardeuse dans une société de défiance. Les réflexes de méfiance sont tels que l'on a tendance à condamner volontiers toute tentative de changement, à étouffer dans l'œuf les initiatives et à empêcher toute velléité de prise de risques avant même de savoir de quoi il s'agit.

Savez-vous comment ont dit prendre un risque en anglais ? *To take a chance*. Prendre un risque, n'est-ce pas saisir une opportunité ? D'ailleurs, comme le dit le langage populaire « *le pire n'est jamais sûr* ». Quand on prend un risque, on risque de réussir, de gagner, de créer une dynamique positive, d'entrer dans une spirale favorable. Inversement, on peut tout perdre. C'est le risque. Le poète René Char ne dit pas autre chose : « *Impose ta chance, serre ton bonheur et va vers ton risque. À te regarder, ils s'habitueront.* »[1]

Plus étrange, savez-vous comment l'homme avance ? En mettant un pied devant l'autre. Geste simple mais édifiant, car depuis notre plus tendre enfance, nous sommes en prise de chance permanente… mais nous avons dû l'oublier.

---

1. René Char, *Les Matinaux*, éd. Gallimard, 1996.

Vous avez pris vos précautions ?...

Tout individu, « partie prenante » des activités humaines, est à la fois sujet actif et objet passif des retombées économiques, sociales et environnementales, sous l'emprise du « principe de responsabilité ». Celui-ci a été particulièrement évoqué lors de la conférence de Stockholm de l'ONU en 1972, pour réparer les conséquences des dommages portés à l'environnement.

Ce principe a donné naissance au principe corollaire d'obligation de précaution inscrit dans la Charte française de l'environnement de 2003 et son article 5 qui stipule : « *Lorsque la réalisation d'un dommage, bien qu'incertaine en l'état des connaissances scientifiques, pourrait affecter de manière grave et irréversible l'environnement, les autorités publiques veillent, par application du principe de précaution, à l'adoption de mesures provisoires et proportionnées afin d'éviter la réalisation du dommage ainsi qu'à la mise en œuvre de procédures d'évaluation des risques encourus.* »

Ce principe ne vaut, en principe, que face aux situations d'incertitude scientifique. Dans les autres cas, quand les risques sont identifiés et calculés, il ne s'agit que de simple prudence, de prévention ou de protection.

Il n'empêche. Lundi 28 février 2005, le principe de précaution a été inscrit dans la Constitution. Le texte approuvé par 531 voix pour, 23 voix contre et 111 abstentions a reçu un très large consensus politique et social. Voici donc un principe, nouvelle exception française comme dans le cas de la défense des biens culturels, qui légitime l'immobilisme. La société du risque, chère à Ulrich Beck[1], dans laquelle il perçoit la voie d'une autre modernité, est tiraillée entre le principe de précaution et le principe de responsabilité[2]. Ces deux-là ne font pas la paire et ne peuvent pas faire bon ménage. Ils sont antagonistes. Le principe de responsabilité implique, bien sûr, de ne pas faire n'importe quoi. Alors que le principe de précaution incite plutôt à ne pas faire grand-chose. *Primum non nocere*. D'abord, ne pas nuire, comme il est édicté dans le serment d'Hippocrate. Mais le risque est inhérent à la nature humaine. Il est le piment de la vie. Parfois, il est trop fort, trop puissant. Carrément immangeable. Qui a dit : « *Dieu a fait l'aliment ; le diable, l'assaisonnement.* » ?

Dans une tribune libre[3] intitulée « La peur de vivre », les auteurs écrivent : « *Les progrès scientifiques et techniques, la mondialisation des échanges, le terrorisme dernier avatar de la guerre, ont suscité la promotion d'une société au risque zéro qui est aussi celle d'une société à responsabilité zéro. Éliminer la prise de risque, c'est aussi supprimer la prise de responsabilité.* » Et ils continuent en enfonçant le clou :

1. Ulrich Beck, *La société du risque*, coll. « Alto », éd. Aubier, 2001 pour la traduction française.
2. Hans Jonas, *Le Principe de responsabilité Essai d'une éthique pour la civilisation technologique*, éd. du Cerf, 1990 (éd. originale en allemand, 1984).
3. La peur de vivre par François-Xavier Bordeaux, Jean-François Lhereté et Denis Mollat, tribune libre parue dans le Monde le 12 avril 2005.

« *La mise au premier plan des risques, des frayeurs et des inter-dits participe en parallèle à une vaste entreprise d'infantilisation et de déresponsabilisation du citoyen.* »

Nous ne tirerons pas les écheveaux de cette philippique. Mais, c'est dans le droit fil de ces réflexions que nous avons pris le risque avec notre injonction originelle « Surtout, ne changez rien » de poursuivre quelques objectifs déterminés :

- Notre premier objectif était de vous donner à sourire en vous faisant réfléchir sur la frénésie de changement qu'éprouvent parfois certains dirigeants. Il faut changer. Tout changer. Absolument. Quand on change tout le temps, ce n'est plus du changement, c'est une manie. Changer d'accord, mais changer quoi ? Et pourquoi ?

- Notre deuxième objectif était de vous montrer que l'être humain développe plutôt une propension naturelle à ne pas bouger et qu'il ne change que dans l'urgence, la con-trainte et à la rigueur s'il y a une compensation très importante qu'on appellera la carotte.

- Enfin, notre troisième objectif était d'en finir une bonne fois pour toutes avec toute cette littérature lénifiante sur la conduite du changement. Depuis des années qui remontent à l'avènement de la révolution industrielle, tous ces livres profèrent à peu près la même chose, avec quelques nuances selon les modes de management en vigueur et les gourous du moment. Il nous a paru attrayant de rompre avec le discours ambiant et d'explo-rer les champs du possible.

Nous sommes persuadés qu'il n'y a pas de bonnes ou de mauvaises manières de changer. À cause de ruptures technologiques, des bouleversements climatiques, de notre appréciation des situations en fonction de notre culture, notre âge ou notre humeur de l'instant, les choses changent, évoluent, se transforment. À nous d'accompagner ces changements le mieux possible, sans trop souffrir et pourquoi pas avec la conviction d'être bien dans sa tête et dans son corps. C'est même ce que nous appelons le bonheur.

RÉSULTATS DU TEST-JEU

Vous avez une majorité de A

Manifestement, vous semblez ouvert au changement. Nous nous demandons même ce que vous faites avec un tel livre entre les mains. Peut-être songez-vous à modifier votre attitude à l'avenir ou peut-être envisagiez-vous de l'offrir, assez perfidement d'ailleurs, à Serge Malebranche.

Vous avez une majorité de B

Vous ne supportez pas le changement. À notre avis, vous avez lu le livre avant de faire le test-jeu pour vous imprégner de nos recommandations.

Vous avez une majorité de C

Vous êtes un éternel indécis et vous avez plutôt tendance à privilégier votre confort actuel à une aventure hasardeuse. Et nous ne pouvons que vous donner raison. Cet éloge de l'immobilisme est même tout le sujet de notre ouvrage.

Bibliographie

ALBERT Éric (coll.), *Pourquoi j'irais travailler – À l'usage de ceux qui ont de la peine à se lever le matin*, Éditions d'Organisation, 2003.

ARGYRIS Chris, *Savoir pour agir*, éd. Dunod, 2003.

BECK Ulrich, *La société du risque*, éd. Aubier, 2001 pour la traduction française.

BIERCE Ambrose, *Le Dictionnaire du Diable*, éd. Rivages, 1989.

CAMDESSUS Michel (groupe de travail présidé par), *Le Sursaut, Vers une nouvelle croissance pour la France*, éd. La Documentation Française, 2004.

CARTON Gérard-Dominique, *Éloge du changement*, Éditions Village Mondial, 2004.

CASTEL Robert, *L'Insécurité sociale, La République des Idées*, éd. du Seuil, 2003.

CENDRARS Blaise, *Prose sur le transsibérien et sur la petite Jehanne de France*,

CHAR René, *Les Matinaux*, éd. Gallimard, 1996.

CHEREQUE François, *Réformiste et impatient*, éd. du Seuil, 2004.

CIEUTAT Bernard, TENZER Nicolas, *Fonctions publiques : enjeux et stratégie pour le renouvellement*, éd. La Documentation française, 2000.

CROZIER Michel, FRIEDBERG Erhard, *L'acteur et le système*, éd. du Seuil, 1977.

CROZIER Michel, *On ne change pas une société par décret*, éd. Grasset, 1979.

DAC Pierre : Tout.

DAMASIO Antonio R., *L'Erreur de Descartes*, éd. Odile Jacob, 1995.

DAMASIO Antonio R., *Spinoza avait raison*, éd. Odile Jacob, 2003.

DEVILLARD Olivier, *Dynamiques d'équipes*, Éditions d'Organisation, 2000.

DOLTO Françoise, DOLTO Catherine, PERCHEMINIER Colette, *Paroles pour adolescents ou le complexe du homard*, éd. Hatier, 1989.

DUPUY François, *La sociologie du changement*, éd. Dunod, 2004.

EIM (Les associés), *Les dirigeants face au changement - Baromètre 2004*, Éditions du Huitième Jour.

FAUROUX Roger, SPITZ Bernard, *État d'urgence - Réformer ou abdiquer : le choix français*, éd. Robert Laffont, 2004.

FERRY Luc, *Comment peut-on être ministre ?* éd. Plon, 2004.

FINKELSTEIN Sydney, *Quand les grands patrons se plantent*, Éditions d'Organisation, 2004.

FRIEDBERG Erhard, *Le pouvoir et la règle*, éd. du Seuil, 1993.

GROVE Andrew, PAVILLET Marie-France, *Seuls les paranoïaques survivent*, éd. Village Mondial, 2004.

HARVARD BUSINESS REVIEW, *Le changement*, Éditions d'Organisation, 2000.

IGALENS Jacques (coll.), *Tous responsables*, Éditions d'Organisation, 2004.

JONAS Hans, *Le Principe de responsabilité. Essai d'une éthique pour la civilisation technologique*, éd. du Cerf, 1990 (éd. originale en allemand 1984).

JULLIEN François, *Traité de l'efficacité*, éd. Grasset, 1996.

LA FONTAINE, *Fables*, Classiques Hachette, 1929.

LAO TSEU, *Tao Te King*, éd. Albin Michel, 1990.

LEPAGE Corinne, *On ne peut pas le faire... Madame le Ministre*, éd. Albin Michel, 1998.

MILLOZ Pierre, *Le Mal administratif, La fonction publique est-elle ingouvernable ?* éd. Dunod, 1987.

MONNET Jean, *Les Hommes et le changement, Mémoires*, éd. Fayard, 1988.

MONTHERLANT Henry de, *Carnets*, éd. Gallimard.

MORENO Roland, *Théorie du bordel ambiant*, éd. Belfond, 1990.

MORIN Edgar : Tout.

PACHE Alexandre, *La Journée d'un petit bourgeois rebelle*, éd. Robert Laffont, 2004.

PAPON Pierre, *Le Temps des ruptures*, éd. Fayard, 2004.

RAY Paul H., ANDERSON Sherry, *L'Émergence des créatifs culturels, enquête sur les acteurs d'un changement de société*, éd. Yves Michel, 2001.

SAVATER Fernando, *Éthique à l'usage de mon fils*, éd. du Seuil, 1998.

SERIEYX Hervé, *Est-ce que le manage… ment ?* Éditions d'Organisation, 2001.

SIMONET Jean, BOUCHEZ Jean-Pierre, *Le Conseil, Le livre du consultant et du client*, Éditions d'Organisation, 2003.

TENZER Nicolas, *France : La Réforme impossible ?* éd. Flammarion, 2004.

TOMASI DI LAMPEDUSA Giuseppe, *Le Guépard*, éd. du Seuil, 1959.

WATZLAWICK Paul, *Faites vous-même votre malheur*, éd. du Seuil, 1984.

WELCH Jack, *Mes conseils pour réussir*, éd. Village Mondial, 2005.

www.ingramcontent.com/pod-product-compliance
Lightning Source LLC
Chambersburg PA
CBHW060345200326
41519CB00011BA/2038